思考的力量

王克 著 The Power of Thinking

人民日报出版社

北京

图书在版编目（CIP）数据

思考的力量 / 王克著 . -- 北京：人民日报出版社，2020.11
　　ISBN 978-7-5115-6717-8

Ⅰ.①思… Ⅱ.①王… Ⅲ.①中国特色社会主义—社会主义建设—文集 Ⅳ.① D616-53

中国版本图书馆 CIP 数据核字 (2020) 第 227609 号

书　　名：	思考的力量
	SIKAO DE LILIANG
作　　者：	王　克
出 版 人：	刘华新
责任编辑：	张炜煜　霍佳仪
装帧设计：	阮全勇
出版发行：	人民日报出版社
社　　址：	北京金台西路 2 号
邮政编码：	100733
发行热线：	(010) 65369509　65369512　65363531　65363528
邮购热线：	(010) 65369530　65363527
编辑热线：	(010) 65369509　65363528
网　　址：	www.peopledailypress.com
经　　销：	新华书店
印　　刷：	三河嵩川印刷有限公司
法律顾问：	北京科宇律师事务所 010-83622312
开　　本：	710mm×1000mm　　1/16
字　　数：	230 千字
印　　张：	16.5
版　　次：	2021 年 2 月第 1 版
印　　次：	2021 年 2 月第 1 次印刷
书　　号：	ISBN 978-7-5115-6717-8
定　　价：	58.00 元

序 一

春风化雨、春华秋实。中国特色社会主义进入了新时代。我国发展进入了新的历史方位。这是一个催人奋进的时代，是一个呼唤思考的时代。王克博士即将出版的政论文集《思考的力量》就是对这个时代的回应。这些评论文章体现了政论文章所具有的深厚的写作传统、深沉的价值追求、深刻的思想气质、敏锐的政治洞察力等品质，反映了作者的独立思考和创新探索。作者把社会科学各学科最新的学术观点和思想理论彼此相联系，文章既大气磅礴、理论分析透彻，又见人见事，生动鲜活，体现了理性的坚定、智慧的光芒。

《思考的力量》一书中的近百篇评论文章，我觉得可以概括为：有深度、有高度、有温度、有尺度、有态度。这些评论文章，体现了作者对党和国家大政方针的准确把握、对时代脉搏和时代特征的精准切中、对群众诉求的深刻理解和深入解读。尤其是其中关于精准扶贫、企业家精神、疫情防控等系列评论文章，连续在中央主流媒体——人民日报社人民论坛网上发表，具有广泛的宣传覆盖面和良好的传播效果。

在网络舆论宣传阵地，作者通过细腻流畅的笔触以及理性深刻的思想表达，生动体现了党报党刊政论文章的"理论敏感性"，唱响了党报党刊的评论声音，成为主流价值观在新媒体领域的发声器，为讲好新时代的中国故事、传播好新时代的中国声音，使党的创新理论飞入寻常百姓家作出了积极贡献。

作为王克的硕士生导师，我看到她的成长很是开心。她在3年时间内，共发表了近200篇政论文章，其中不少文章被多家中央主流网媒和各大网站转载，从中可见她的勤奋、高产和文章的影响力。每次读她发表的政论文章，我都很受鼓舞，感到正能量满满。希望她能一如既往地笔耕不辍，不断创造佳作，为实现中国梦作出更多的贡献！

浙江大学博士生导师、教授　马建青

2020年11月6日

序 二

当代中国,正展开前所未有的创造性宏伟实践。历史性的变革,推动着思想理论的创新发展,也增进着人们的思想理论需求,激发着人们提出各式各样的思想理论问题。在这一背景下,就思想理论热点问题作透彻分析,精细讲解,答疑解惑,化育人心,是一项非常重要的事业。做好这方面的工作,需要许许多多有志者的钻研、投入。

王克博士便是这条战线中的一员。她供职于人民日报社人民论坛网,近年来笔耕不辍,好文不断。在选题方面,作者偏重于理论时政的主题,体现了党报党刊记者在政论文章写作方面的优势。这本《思考的力量》便是她近年作品的汇集。在这些作品中,王克博士以国家治理现代化为聚焦的主题、主线,以新的视角审视社会上的热点焦点问题,并把思想理论阐释与典型案例分析有机结合,深刻阐述在中国共产党的领导下,走中国特色社会主义道路、实现中华民族伟大复兴"中国梦"的共同理想。汇集于此的近百篇理论评论文章，文字清新、逻辑清晰、观点鲜明、论述深入，让人感觉耳目一新。

希望王克博士能够不忘初心、守正创新，再接再厉，不断写出更多高质量的理论评论文章。

武汉大学党委副书记　沈壮海

2020年11月8日

目 录
CONTENTS

1   精神也需扶贫

3   精神脱贫也要有共享思维

5   精准扶贫的关键在于"助人自助"

7   精准扶贫也要打假治非

9   精准扶贫的人本向度

11   提升自我发展能力：精准扶贫的治本之策

14   精准扶贫的合力帮扶机制

17   精准扶贫须实事求是

20   教育扶贫：功在当代 利在千秋

23   打赢脱贫攻坚战要把精力用在行动精准上

26   "扶贫先扶志"的心理学思考

28   为什么人类命运共同体能够吸引全世界政党的目光

31   以造福人民为最大政绩

34   创造力：中国共产党永葆生机活力的源泉

37   新时代呼唤新气象新作为

39   让诚信打开心底的那扇窗

41	新年新气象　新时代新作为
43	中国梦：海归的归宿梦
45	海归共筑民族复兴梦
49	海归中国梦彰显祖国向心力
51	"中国梦"激励着海归的使命感
54	"中国梦"对海归人才的时代呼唤
59	海归中国梦的社会担当
62	海归中国梦的家国情怀
64	新时代呼唤企业家精神
66	乡村振兴要打好文化振兴这张牌
69	国之所在　梦之所属
71	高质量发展需要大力弘扬企业家精神
75	激发和保护企业家精神
78	企业家精神的关键在于创新
81	充分发挥移情的文艺创作功能
83	以人民为中心是文艺事业的根本遵循
86	"德艺双馨"是文艺工作者的基本职业素养
89	文艺创作从高原走向高峰需要良好的机制做保障
92	文艺惠民工作要做到"三贴近"
95	积极践行文艺的民本取向　大力推进文艺惠民事业
97	以人本情怀开启书画艺术的春天
99	弘扬书画艺术　讲好中国故事
101	筑梦者：与梦想和奋斗同行
104	人民是我们执政的最大底气
108	积极促进优秀传统文化的现代转化

111	深挖优秀传统文化资源　讲好中国故事
113	弘扬优秀传统文化　增强文化向心力
116	弘扬优秀传统文化　增强文化自觉
119	领悟人生真谛　且行且珍惜
129	诚信是经济高质量发展的基石
132	乡村振兴离不开精神文明品位的提升
135	乡村振兴建设不能没有灵魂
139	让"留守儿童"的明天更美好
141	文化振兴为乡村振兴固本培元　凝聚内生动力
143	体验经济在乡村振兴战略中应大有作为
145	基层干部在乡村振兴中应大有作为
147	家庭教育是教育的根基
150	守初心担使命　汇聚高质量发展磅礴力量
152	什么才是教师节最好的礼物
154	民营经济高质量发展呼唤良好的社会诚信环境
156	优化营商环境　为经济高质量发展创造新动能
159	让文化"软实力"成为经济高质量发展"硬支撑"
161	教育的智慧在于唤醒
163	用汗水浇灌收获　以实干笃定前行
165	向世界展示一个文明开放包容的中国
168	爱国主义精神构筑起民族的脊梁
171	初心和使命是我们走好新时代长征路的不竭动力
174	为民营经济高质量发展培育一方沃土
178	永葆党的政治本色　在革故鼎新中创造美好未来
181	勤俭节约　珍视有限资源

184	理性面对　打赢疫情防控"心理战"
186	疫情防控关键时刻要加强心理疏导
189	面对大自然，人类应保持一颗敬畏之心
192	打赢疫情防控阻击战需要科技支撑
194	疫情防控阻击战的民本温度
196	传承雷锋精神　凝聚抗疫力量
198	铿锵玫瑰逆风绽放
201	致敬白衣战士，平安回家
204	理性面对解封，用微笑迎接英雄的湖北人民
206	慎终追远，心祭重于形祭
208	清明，哀悼中凝聚力量
210	以平凡坚守　护一方平安
212	在战"疫"中磨砺出彩青春
215	传承南丁格尔精神　用生命践行初心使命
217	两会召开彰显制度优势与治理效能
219	电商助力打通脱贫攻坚"最后一公里"
222	凝聚科技力量，决战决胜脱贫攻坚
224	防汛救灾工作彰显中国共产党"人民至上"的价值遵循
228	保市场主体就是保社会生产力
231	防汛救灾工作彰显中国共产党的先进性
235	大力弘扬企业家精神　推动市场主体高质量发展
240	没有全民健康，就没有全面小康
243	谢谢您，点亮万千孩子的人生梦想
247	"慧眼看南昌"：数据智治助推市域社会治理现代化
250	"绿水青山就是金山银山"的积极践行需要命运与共的天下情怀

精神也需扶贫

"虎瘦雄心在，人贫志气存。"贫困从来都不是物质生活的专有名词，它同时更是精神生活的常见病。贫困，既包含物质层面的匮乏，也包含精神层面的窘困。如我们常常所说的贫困，既有柴米油盐、吃喝拉撒、衣食住行等方面的物质匮乏，同时也不乏思维缺少创新、精神萎靡不振等方面的精神贫乏。习近平总书记提出的精准扶贫思想，既有物质文明建设层面的，也有精神文明建设层面的，是物质扶贫与精神扶贫的统一。

小学时，我们就学过小白兔种萝卜的故事。授之以鱼，不如授之以渔。精神扶贫，使扶贫、脱贫工作由"外部"的帮扶走向"内在"的自救与独立自主，由他人及政府的"帮助"走向"助人自助"。真正的贫困是物质的，但更是精神的。不论导致贫困的直接原因是什么，精神贫困往往都是主观上的根本原因。我们的老祖宗孔子曾讲过："三军可夺帅也，匹夫不可夺志也。"习近平总书记指出："扶贫先要扶志。"如果没有精神的富足与丰盈，没有文化的积淀与支撑，哪怕物质富足了，但我们仍然是贫穷的。"全面建成小康社会"的宏伟目标是立体的，是多维的，我们既需要物质的小康，解决温饱问题，同时更需要精神的小康，解决成就感、获得感等方面的精神问题。只有物质扶贫与精神扶贫两条腿走路，两手抓，两手都要硬，扶贫、脱贫工作才能形成良性互动，走可持续发展之路。精神扶贫、脱贫是全面建成小康社会的"压舱石"，同时也是脱贫攻坚的瓶颈之所在。

"扶贫先扶志""扶贫必扶智""精准扶贫"是习近平总书记扶贫思想的精髓，是对党的扶贫理论的新发展。在物质生活越来越富足的今天，精神的富足、精神的脱贫更需要我们倾注心力，走出一条物质扶贫与精神扶贫相结合的绿色可持续发展之路。

（人民论坛网 2017 年 8 月 31 日）

精神脱贫也要有共享思维

"共享"是党的十八届五中全会提出的五大发展理念之一，是未来人类社会发展的必然趋势，也是中华民族一直以来的宝贵精神品质与美好生活愿景。走向共享发展的人类命运共同体，是马克思主义联系观点的当代阐释。"精准扶贫""精神脱贫"的攻坚克难也一样要顺应时代发展，具备共享的思维、意识与习惯。

精神的贫困还源于"理想信念"的缺失与错位。理想是人们在生产、生活的实践活动中形成的，具有现实可能性，是对未来的一种憧憬与追求，是人的理性、意志与情感的有机统一。信念是人们在一定认知基础上对某种思想或事物的坚定不移并身体力行的态度。理想信念是人的精神动力与向导，是引领人生航向的灯塔，为人生指明奋斗的方向。"贫不足羞，可羞是贫而无志。""士贵立志，志不立则无成。"有理想、有信念，人生会变得有条理、有目标、有动力。"志当存高远"，这里所说的"高远"，就是指只有把个人追求与社会的发展、民族的存亡荣辱紧密结合起来的理想愿望才是有厚度、有分量。当下，我们共同的理想信念就是"中国梦"。"中国梦"不仅是民族富强、国家富裕的社会梦，它更是由我们每个中华儿女的个人梦所组成的。只有把小我的个人梦与大我的社会梦紧密结合在一起，把自我价值与社会价值有机地统一起来，我们的个人梦才能实现，我们的国家梦、民族梦才能有实现的可能，共同富裕的社会主义建设目标才能真正实现，全面建成小康社会的百年追求才能有实现的精神食粮，才能真正摆脱精神的贫困。中国梦是全体人民共享社会经济发展成果与希望的梦，习近平总书记在讲话中强调，"生活在我们伟大祖国和伟大时代的中国人民，共同享有人生出彩的机会，共同享有梦想成真的机会，共同享有同祖国和时代一起成长与进步的机会"。共享的梦，自古以来就是我们中华儿女孜孜以求的梦。有了共享的梦，有了自我与他人、与社会的紧密联系感，有了同呼吸共命运的存在感，个人内心自然会强大起来，从而构筑和谐、富足的精神家园。

　　精神的贫困还源自责任担当意识的匮乏。"有多大担当才能干多大事业，尽多大责任才会有多大成就。"马克思曾说过，"作为确定的人，现实的人，你就有规定、有使命、有任务，至于你是否意识到这一点，那是无所谓的"。正是因为有了"先天下之忧而忧，后天下之乐而乐""天下兴亡，匹夫有责""位卑未敢忘忧国""苟利国家生死以，岂因祸福避趋之"的责任与担当，才有了中华民族的崛起，才有了我们今天快乐而幸福的小康生活。中国共产党的辉煌历史证明，责任担当精神是共产党人的灵魂，是脊梁精神。有了主动与他人共同面对困难，共同分享成果的责任与担当，精神上就不会缺钙，就不会得软骨病，就能够远离精神的贫困。在喧嚣、浮躁的社会里，有了主动与他人共同面对困难，共同分享成果的责任与担当，那颗因岁月的羁绊变得斑驳的心才能变得明净、明朗起来，才能找回迷失的心灵家园，重建精神的绿洲。

（人民论坛网 2017 年 9 月 4 日）

精准扶贫的关键在于"助人自助"

摆脱贫穷、走向共同富裕，是社会主义的内在应有之义和本质要求。时刻把群众的安危冷暖牢记于心，把党和政府的关心与爱护送到千家万户，对生活上存在困难的群众，要格外地关心照顾，综合政府与社会的力量为其排忧解难，体现出社会主义制度的优越性，是中国特色社会主义现代化建设的基本要求，也是中国共产党的重要使命。自党的十八大以来，以习近平同志为核心的党中央先后出台了一系列重大政策措施，举全党全社会之力坚决打赢脱贫攻坚战。在各级政府的高度重视与社会各界的广泛参与下，扶贫工作已经取得了显著成效。距离2020年确保7000多万贫困人口如期全部脱贫的奋斗目标还有3年，当前精准扶贫工作已进入攻坚期和决胜期。怎样在接下来的时间里打赢脱贫攻坚战，是全党、全社会面临的一道亟待解决的理论与实践难题。

笔者认为，导致贫困的根本诱因是能力贫困，而物质贫困只是表象，深层次的贫困诱因在于主体缺乏独立自主、自立自强的意识与能力。以提高收入水平、改善物质生活条件为目标定位的扶贫还仅仅是处于摆脱贫困的初级阶段，还处在"扶"的状态，而没有真正实现"脱贫"。真正的"脱贫"应该是建立在贫困人口自力更生能力不断提高基础之上的。这就要求我们的扶贫工作要逐步实现从单纯的收入扶贫、物质扶贫向能力扶贫、精神扶贫转变，加大对贫困地区、贫困人口技能培训、基础教育的投资力度，培育贫困户自我发展的能力。能力扶贫、精神扶贫，应该是脱贫攻坚期的关键环节，其最终的目标追求都是实现贫困人口的自助，实现精准扶贫的主体性回归。以"助人自助"为基本理念，实现由"要我脱贫"到"我要脱贫"的思维方式转变，实现由"输血式"扶贫到"造血式"扶贫的模式转化，精准扶贫的道路方能走得更远。

精准扶贫"助人自助"的价值理念应包含两层含义：第一层是"助人"，指帮助贫困人口改善贫穷的状况，保障其最低生活需求，这是"扶贫"阶段的主要任务；第二层是"自助"，指在帮助贫困人口的过程中要充分挖掘与激发受助者自身的潜能，有意识、有步骤、系统地培育其自身解决问题的能力，以其自身综合素质的不断发展与进步为目标取向，帮助其走向自力更生、自立自强，最终摆脱对政府、社会、他人帮扶的依赖，这是"脱贫"阶段的主要任务。

若要实现精准扶贫"助人自助"的主体性回归，就要鼓励、激发贫困者利用自身潜质实现价值创造，并在此基础上，从政府扶贫体系的逐步完善、社会力量的进一步整合两个主要方面入手谋求贫困人口脱贫奔小康的新思路、新方法。

（人民论坛网 2017 年 9 月 5 日）

精准扶贫也要打假治非

"天下顺治在民富,天下和静在民乐。"摆脱贫困走向富裕,古往今来都是人类的美好愿景,同时更是社会主义的内在要求与本质规定。习近平总书记指出:"做好扶贫开发工作,支持困难群众脱贫致富,帮助他们排忧解难,使发展成果更多更公平惠及人民,是我们党坚持全心全意为人民服务的根本宗旨的重要体现,也是党和政府的重大职责。"

目前,精准扶贫工作已进入攻坚期和决胜期,全面建成小康的脚步已进入最后的冲刺阶段,举全党全社会之力坚决打赢脱贫攻坚战是我们必须啃下的硬骨头、一定要完成的硬任务。在中共中央政治局就我国脱贫攻坚形势和更好实施精准扶贫进行第三十九次集体学习时,习近平总书记指出:"党的十八大以来,党中央对脱贫攻坚作出新的部署,吹响了打赢脱贫攻坚战的进军号,脱贫攻坚取得显著成绩。"但同时,习近平总书记也强调:"要把握好脱贫攻坚正确方向。要防止层层加码,要量力而行、真实可靠、保证质量。"

如何本着实事求是的原则在扶贫脱贫工作中真抓实干,针对部分地区存在的假、大、空现象抓好精准扶贫的打假治假工作,是精准发力、提高精准度的重要一环。习近平总书记多次强调,"要防止形式主义,扶真贫、真扶贫,扶贫工作必须务实，脱贫过程必须扎实，脱贫结果必须真实，让脱贫成效真正获得群众认可、经得起实践和历史检验"。对脱贫攻坚战中形式主义的打假治非，需要多管齐下、齐抓共管。要做好扶贫脱贫的打假工作就要完善精准扶贫的监督、约束机制并形成体系。

这一方面要求政府深入基层、了解实情，且制定切实可行的考核评价标准，同时又要避免不必要的考核审查。习近平总书记指出，"要实施最严格的考核评估，开展督查巡查，对不严不实、弄虚作假的，要严肃问责。要加强扶贫资金管理使用，对挪用乃至贪污扶贫款项的行为必须坚决纠正、严肃处理"。福建省扶贫办在精准扶贫工作中就严把贫困进退关口，在贫困人口识别、退出程序上，除严格执行国务院扶贫办相关要求外，还严格要求贫困人口识别和退出由乡（镇）书记到县（市、区）长逐级签字确认，确保数据真实可靠，为开展精准扶贫、精准脱贫打下坚实基础。

另一方面要充分发动群众的监督力量，督促党的领导干部在扶贫脱贫工作中从实际状况出发，本着以民为本的原则，杜绝弄虚作假搞形式主义。

此外，还要培养和激发贫困群众自我利益的保护意识和扶贫脱贫工作的主动参与意识。贫困群众是扶贫脱贫的主体。习近平总书记强调，贫困群众既是脱贫攻坚的对象，更是脱贫致富的主体。要把贫困群众积极性和主动性充分调动起来。只有多方努力、齐抓共管，形成合力和凝聚力，扶贫脱贫工作的打假治非才能取得成效，人民群众的切身利益才能得到更好的保障，从而打好、打赢精准扶贫的克难攻坚战，走好"最后一公里"。

（人民论坛网 2017 年 9 月 8 日）

精准扶贫的人本向度

"以人为本"是个哲学上的价值论概念，解答的是"什么是根本"的价值取向问题，强调对人的尊重与解放，强调人在社会历史进程中所发挥的主体性作用与所处的目的性地位，是相对于"以物为本""以神为本"而言的；同时它也是一种思维方式和行为模式，要求我们始终以历史的尺度和人的尺度相统一的原则分析与解决一切理论与实践问题。以贫困群众的全面发展为目标追求，以收入水平和生活水平的提升为主要内容，以"造血式"的自主发展为主要特征，以提高贫困地区及贫困人口的生存发展能力、自我发展能力为着力点，激发贫困群众自我发展意识的觉醒与提高，促使其树立脱贫致富的信心与勇气，并以积极心态获取脱贫致富的机会与技能，是精准扶贫的人本内涵。精准扶贫的人本意蕴体现了一切为了群众、一切依靠群众、从群众中来到群众中去的群众路线，反映了最广大人民群众的根本利益。

要做到精准扶贫的人本取向，就需要我们做到以下三点：首先，真扶贫、扶真贫。想贫困群众之所想、急贫困群众之所急，情为贫困人民所系、利为贫困人民所谋、权为贫困人民所用，一切扶贫工作都紧紧围绕贫困地区、贫困人口的实际状况、实际需要而展开，从而针对导致贫困的病根对症下药，精准发力，实现扶贫脱贫的精细化管理，达到标本兼治的效果。其次，要注重贫困群众自我发展意识的激发、自我发展能力的培养，以助其走上由贫困到脱贫再到最终逐步实现全面发展的人生之路。最后，还要擅于并乐于倾听贫困群众内心的声音，激发、提升其主动、积极参与扶贫脱贫工作的主体意识及思维习惯，真正调动贫困人口自主脱贫的主观能动性。

（人民论坛网 2017 年 9 月 11 日）

提升自我发展能力：精准扶贫的治本之策

贫困一直以来都是阻碍国家社会发展的一个严重问题，同时也是目前我国实现全面建成小康社会的最大短板。贫困既包含物质方面的匮乏，也包含精神方面的贫乏，是经济、文化贫穷落后状况的总称。但无论是物质贫困，还是精神贫乏，一般都源自两个主要方面，一方面是资源的短缺，主要包括物质资源、文化资源以及社会资源等方面的短缺；另一方面是方法、途径、能力以及机会的欠缺。无论是维系基本生存、生活需要的物质产品的缺乏，还是社会、文化、环境等方面因素的欠缺与不完善，在导致贫困的众多因素中，能力的欠缺是其中最为根本的。很多情况下，贫困往往是由"心有余而力不足"的尴尬所导致的。

而在当今的知识经济时代，能力欠缺主要源自知识与技能的贫瘠。新增长理论认为，知识的积淀以及技术的发展是影响经济增长的主要因素。而知识积累与技术发展主要体现在劳动者的自我发展能力之中。以卢卡斯人力资本为核心的新经济增长模型证明：在不诉诸外部力量的情况下，经济仍然可以随着人力资本的积累与提升而实现正增长。从内容构成上看，"自我发展能力"是多方面综合因素的体现，是一个综合性概念，它包括自然生产力和社会生产力两个方面，是对自然资本、物质资本、人力资本和社会资本积累情况的总体性概括。由此可见，自我发展能力的培养与提升，在促进经济发展、脱贫致富进程中处于基础性的地位。只有以自我发展能力的培养与提升不断巩固扶贫攻坚所取得的成果，贫困地区、困难群众才能真正走上持久脱贫的康庄大道。

　　精准扶贫既需要短期的扶贫，也需要长期的脱贫。短期的扶贫可以通过政府的优惠政策、社会集资等多方面途径集聚力量，以帮扶的形式来实现。而长期脱贫则主要以贫困人口及地区自我发展能力的提升为动力和保障。只有自我发展能力增强了，抵御自然灾害、社会变迁的能力才能随之而得到提升，从而才能更直接有效地消解各项致贫因素，斩断致贫的各个环节，增强抵御天灾人祸的免疫力，巩固扶贫攻坚的成果，实现脱贫致富的长效发展。无论是扶贫攻坚、脱贫致富奔小康的贫困人口的自我发展，还是社会的整体性进步，内在的力量都是至关重要的，其中自我发展能力就是内在的主要因素。任何外部力量，都需要这个内部因素的积极正向配合才能发挥作用。此外，摸清实际状况，锁定帮扶对象，精准发力，进行精细化管理，通过政策倾斜，从收入、教育、医疗等方面给予财政的补助、优惠和支持只是治标之策，难以巩固和持久，而着重于"自我发展能力"的提升才是授人以渔的治本之策，只有贫困人口抵御贫穷、改变贫困的能力提升了，才能既巩固已有的脱贫攻坚成果，又谋求长久的可持续发展。

　　因为自我发展能力具有累积性和传承性的特点，所以它的提升是一个系统工程，既有微观层面的，也有宏观层面的；既要有短期的打算，也要有长期的谋划。就微观层面而言，主要是指贫困人口个体发展能力的提升。贫困人口个体发展能力的提升主要在于人力资本的积累与发展。人力资本的发展一方面要靠教育培训，如结合贫困人口的实际状况开展基础性教育、技能培训、就业及择业培训、岗前培训等工作，提高其创造机会、发现机会、把握机会勤劳致富、摆脱贫困的能力。另一方面要靠实践的探索与历练，在生产生活的实践活动中不断培养自我发展能力。就宏观层面而言，主要是指贫困地区相关企业单位自我发展能力的提升。贫困地区相关企业单位自我发展能力的提升关键在于要突出当地的产业特色、完善企业制度、建设企业文化。通过特色产业充分挖掘当地的资源优势，调动贫困人口投入生产的主动性和积极性。

在充分开发利用特色产业提升贫困人口及地区的自我发展能力方面，广西东兰县积累了丰富的宝贵经验。东兰县结合当地的实际特点，开发了具有本土特色的东兰乌鸡、黑山猪、富硒米等特色产业，借此极大提高了当地贫困人口脱贫致富的自生力，基本形成了由扶贫向脱贫逐渐转变的可喜局面。通过制度建设，使企业的运行更规范、更有章可循，从而提高其在市场经济中的竞争力和战斗力。文化建设使企业具有创新的文化氛围、拼搏进取的敬业精神，既确保企业充满活力，又使企业内部员工自我监督、自我约束、自我激励、自我净化与自我调整，从而增加企业的内生力、增强企业的"造血"能力，以利于企业的长足发展与持久脱贫。

只有真正把自我发展能力的提升贯穿于精准扶贫工作的全过程并充分发挥其基础性作用，由单纯地以收入扶贫、物质扶贫为主转向注重对贫困人口、贫困地区的教育投入、制度及文化建设以提高人力资本积累的自我发展能力扶贫，精准扶贫的攻坚克难才真正找到了病根、抓准了痛点，才能切实地起到标本兼治的效果，从而走上持久脱贫的可持续发展道路。

（人民论坛网 2017 年 9 月 13 日）

精准扶贫的合力帮扶机制

习近平总书记指出,"党的十八大以来,党中央把贫困人口脱贫作为全面建成小康社会的底线任务和标志性指标,在全国范围全面打响了脱贫攻坚战。脱贫攻坚力度之大、规模之广、影响之深,前所未有"。举全党全社会之力脱贫攻坚奔小康是目前我们面临的紧迫任务。

从马克思主义的整体观和联系观出发,我们知道世间万事万物都是前后相续、彼此相连的。随着生产力的发展,社会分工的日益细化,物质产品、精神产品都需要增强彼此的交流与相互的借鉴,人们生存与发展的多维需求才能够得到有效而充分的满足,共产主义所追求的人的自由而全面发展才可能得以真正实现。因此,精准扶贫合力帮扶机制的建立与完善是顺应社会历史发展规律的必由之路。在彼此的帮扶与协调、相互的借鉴与融合、资源与成果的共享之中,"实现先富帮后富、最终实现共同富裕目标的大举措,充分彰显中国共产党领导和我国社会主义制度的政治优势"。

求同共富是精准扶贫的核心要义。"精准扶贫"思想提出的理论基础就是"共同富裕"的目标追求。"十三五"规划建议中指出,"必须坚持发展为了人民,发展依靠人民,发展成果由人民共享"。习近平总书记指出,"生活在我们伟大祖国和伟大时代的中国人民,共同享有人生出彩的机会,共同享有梦想成真的机会，共同享有同祖国和时代一起成长与进步的机会"。精准扶贫是"全面建成小康社会的底线任务"，习近平总书记指出，"没有贫困地区的小康，没有贫困人口的脱贫，就没有全面建成小康社会"。全面建成小康社会，精准扶贫，绝不是哪一个人、哪个家庭、哪些地区独善其身、单打独斗就能解决的事情，我们的扶贫脱贫奔小康工作也要打破地域壁垒，冲破行业、部门间界限，统筹多方力量，形成合力。恩格斯就曾指出，社会发展是多方形成合力综合作用的结果。精准扶贫的社会发展过程是整个社会主义现代化发展过程中的一部分，也理应遵循恩格斯所提出的合力规律。而要打赢精准扶贫的脱贫攻坚战，根本的问题就是要解放与发展贫困人口以及解决贫困地区的生产力问题。在社会分工越来越细化的当今时代，生产力的解放与发展既需要打破地域、行业之间的有形壁垒，同时又需要打破新型城镇化进程中脑力劳动与体力劳动、城里人与乡下人之间在行为习惯、生活方式、文化习俗、思想观念上无形的隔阂与界限，形成血肉相连、天下一家的合力帮扶格局，产生"1+1＞2"的合力效应，才能取得事半功倍的效果，实现精准扶贫的投入与产出比最大化。因此，精准扶贫合力帮扶机制的建立与完善是顺应时代主流趋势，响应时代发展历史呼唤的必然选择与必由之路。

精准扶贫合力帮扶机制的建构需要从各地区的实际情况出发，充分利用便利的通信技术、交通设施，广泛发动社会各界力量，形成以政府为主导、以贫困人口为主体，各区域、各行业广泛联合的扶贫脱贫模式。习近平总书记在深度贫困地区脱贫攻坚座谈会上的讲话中指出，要"加大各方帮扶力度"、"结对帮扶"、开展"万企帮万村行动"、"携手奔小康行动"。"要通过多种形式，积极引导社会力量广泛参与深度贫困地区脱贫攻坚，帮助深度贫困群众解决生产生活困难。要在全社会广泛开展向贫困地区、贫困群众献爱心活动，广泛宣传为脱贫攻坚作出突出贡献的典型事例，为社会力量参与脱贫攻坚营造良好氛围。"

在精准扶贫合力帮扶机制的构建方面，福建省探索出了一条具有本土特色、富含时代气息的帮扶模式。首先，充分利用信息化社会的时代特征，对扶贫脱贫的数据进行信息化管理，建立大数据"精准网底"机制，为扶贫合力帮扶机制的建立提供了便利的信息条件。其次，针对当地实际，进行资源整合，开发精准扶贫互益共赢帮扶模式。通过深化山海协作，利用沿海经济发达地区与山区落后地区的资源差异，实现优势互补，推动精准扶贫、产业共建园区、民生工程、基础设施和生态环境建设，在项目招商、技术帮扶、产业链延伸、资金落实和用工帮困等方面实现"共建"。最后，在当地政府主导下，充分发动社会各界力量参与到扶贫工作中来，建立合力帮扶机制，构建多元主体共同参与的社会扶贫体系。坚持内引外联并举，搭建全社会力量参与的精准扶贫工作平台，形成"挖掘潜力激发内力、借助外力集聚合力"的良好格局。通过资金帮扶、智力扶助、项目援助等具体举措，吸纳各类社会力量参与扶贫工作，形成帮扶合力，为贫困户脱贫致富提供技术、产业、资金等各类支持。

（人民论坛网 2017 年 9 月 15 日）

精准扶贫须实事求是

从"看真贫、扶真贫、真扶贫""真脱贫",到"找对'穷根',明确靶向"……习近平总书记的扶贫思想明确、思路清晰,就是始终坚定不移地坚持"实事求是"的思想路线。从扶贫对象的精细化锁定到项目资金的精准安排、措施的精确使用……以习近平同志为核心的党中央的扶贫之路始终以实际行动诠释着、践行着"实事求是"的思想路线,而且也因此取得了可喜成效,目前,扶贫攻坚已经进入最后的冲刺期。

精准扶贫如何做到"精准",关键就在于"实事求是"的思想路线贯彻落实得如何。深入领会习近平总书记扶贫思想的精神实质,总结概括习近平总书记关于扶贫工作的相关讲话,笔者认为,精准扶贫"实事求是"的思想路线主要体现在以下几个方面:

就扶贫对象而言,从经济实际出发精准锁定。一方面,对扶贫对象的确定要精准。习近平总书记指出:要"摸清贫困人口底数,做实做细,实现动态调整"。另一方面,对扶贫对象范围的圈定要精准。习近平总书记指出:"在扶贫的路上,不能落下一个贫困家庭,丢下一个贫困群众。"

就扶贫目标而言,从实际能力出发量力而行。首先,要做到扶贫目标的有的放矢,就要摸清扶贫对象的实际情况。习近平总书记要求:"要真真实实把情况摸清楚。"其次，扶贫目标的确立要脚踏实地，不能好高骛远，要求实、求稳。习近平总书记指出："要坚持时间服从质量，科学确定脱贫时间。"最后，要实事求是确定扶贫方向。习近平总书记指出，精准扶贫"要防止层层加码，要量力而行、真实可靠、保证质量"。

就扶贫过程而言，要真抓实干，扶贫行动要精准。习近平总书记指出，脱贫攻坚是干出来的，靠的是广大干部群众齐心干。贫困地区要以更加振奋的精神状态、更加扎实的工作作风，自力更生、艰苦奋斗，凝聚起打赢脱贫攻坚战的强大力量。

就扶贫项目而言，从当地实际出发开发特色扶贫项目。习近平总书记强调要突出产业扶贫。一方面，要依靠产业脱贫。习近平总书记指出，要依靠产业带动和必要的政策激励，实打实地做。另一方面，从贫困地区的实际出发，就地取材、因地制宜、因事为制、因势利导，顺势而为，发展本土气息浓郁的特色产业。习近平总书记指出："贫困地区要从实际出发，因地制宜，把种什么、养什么、从哪里增收想明白。"

就扶贫资金而言，从实际状况出发精准使用扶贫资金。一方面，针对贫困人口，精准发力，把扶贫资金用到刀刃上。习近平总书记指出，要"把帮扶资金和项目重点向贫困村、贫困群众倾斜，扶到点上、扶到根上"。另一方面，根据教育、文化、卫生、科技等领域的实际状况合理分配扶贫资金，找准病根、突出重点、精准发力。习近平总书记指出："资金保障要实，做到投入实、资金实、到位实，精打细算，用活用好，用在关键，用出效益。"

就扶贫措施而言，从贫困户实际出发确保扶贫措施精准。习近平总书记指出，"要提高扶贫措施有效性，核心是因地制宜、因人因户因村施策"。一方面，针对贫困地区的实际，"要因地制宜研究实施'四个一批'"；另一方面，针对贫困人口的实际，"产业合作、劳务协作、人才支援……都要瞄准建档立卡贫困人口脱贫精准发力"。习近平总书记要求扶贫工作"要找准'穷根'、明确靶向，量身定做、对症下药，真正扶到点上、扶到根上"。

就扶贫领导而言，从实际状况出发，"因村派人（第一书记）精准"。习近平总书记指出："一是领导工作要实，做到谋划实、推进实、作风实，求真务实，真抓实干。二是任务责任要实，做到分工实、责任实、追责实，分工明确，责任明确，履责激励，失责追究。三是要在尊重客观实际的基础上谋求创新发展。要重视发挥广大基层干部群众的首创精神，让他们的心热起来、行动起来，靠辛勤劳动改变贫困落后面貌。"

就扶贫成效而言，从脱贫实际出发精准反映脱贫成效。一方面，要真实反映脱贫结果。习近平总书记指出，脱贫结果必须真实，要经得起实践和历史检验。另一方面，要严格监督与考核机制。习近平总书记指出："要实行严格评估，按照摘帽标准验收。"此外，准确评价扶贫的阶段性成果。对扶贫工作阶段性成果的评定要尊重客观实际、合理定位。习近平总书记指出，脱贫摘帽要坚持成熟一个摘一个，防止揠苗助长、图虚名。

（人民论坛网 2017 年 9 月 18 日）

教育扶贫：功在当代 利在千秋

"致天下之治者在人才，成天下之才者在教化。"教育富则国富，教育强则国强。"国有贤良之士众，则国家之治厚；贤良之士寡，则国家之治薄。"古往今来，教育一直都是富国强民的根本之策。良好的教育，是人一生的宝贵财富。教育资源的匮乏，往往是导致国家贫穷、社会成员贫困的一个主要原因。教育是脱贫致富的根本之策。"才者，学之徒也"，教育是开启智慧之门的钥匙，丰富的教育经历是启迪智慧的主要途径，缺乏丰富教育体验与感知贫乏的人往往容易走更多的弯路，做更多的无用功。教育是使人摆脱贫困，走向富裕，获得自由的阳光雨露。

抓教育促发展是脱贫攻坚奔小康的关键。"知之者不如好之者，好之者不如乐之者。"在竞争日益激烈的知识经济时代，接受良好的教育已然成为每个社会成员面对困难、迎接挑战、发展自我的第一需求和受益终身的宝贵财富。"玉不琢，不成器；人不学，不知义。是故，古之王者，建国君民，教学为先。"受教育情况如何，不但决定一个人一生的前途命运，同时也左右一个民族，乃至全人类的命运走向。马克思认为："一个人的发展取决于和他直接或间接进行交往的其他一切人的发展。"

创新是社会发展、民族兴旺的关键。无论是创新思维的激发还是创新能力的培养，都需要主体实事求是、解放思想、与时俱进，才能有所突破，突破旧有框架的限制与束缚，使创新的种子生根发芽。充分接受教育是实现创新飞跃的前提。丰富而系统的教育体验是使人形成科学的世界观、人生观、价值观最便捷的途径，有了科学的认知才能真正客观地看待事物，做到实事求是、解放思想，随时代的发展与时俱进，从而有所突破、有所创新，谋求不断的发展与前进。

百年大计，教育为本。教育扶贫是扶贫工作的根本，贫困地区人口素质的不断提升是打赢脱贫攻坚战的关键。一个国家的兴衰存亡取决于教育的成败。教育可以培养多方面、多层次人才，这些人才投身于社会、奉献社会，在各个领域发挥聪明才智，实现多元的社会价值，从而对当今社会发展进步起到推动与促进作用，而且这一作用因知识与技能的延续性将随着世世代代的历史发展一代代传承下去，其所形成的利益将会随时代的变迁惠及千秋万代。因此，教育扶贫既关乎个人成长与命运前途，又关系社会发展进步与繁荣昌盛；既关乎人民福祉，又关系民族未来；既关乎当代人的幸福，又惠及子孙后代，是功在当代、利在千秋的长远大计。

扶贫工作必须从根上着手。教育扶贫是根本，是彻底平稳摆脱贫困的源头活水。"治愚"和"扶智"的基本途径就是大力发展教育。自2015年《中共中央国务院关于打赢脱贫攻坚战的决定》颁布以来，教育就被明确赋予了"阻断贫困代际传递"的神圣使命与历史责任，义不容辞顺理成章地成为扶贫的治本之策。教育扶贫的目的就是要营造扶贫、扶志、扶智的良好环境与氛围，从人的素质脱贫这个根本入手解决贫困问题。相较于政策扶贫、项目扶贫而言，"教育扶贫"具有更根本性的作用、更基础性的地位。抓住了教育扶贫这个关键，就抓住了扶贫工作的"牛鼻子"，就找准了扶贫攻坚最"大"的"短板"。

教育扶贫既要有面上宏观的顶层设计，又要有点上微观的具体措施，需要实现点与面的有机融合，走"造血式"扶贫的可持续发展道路。教育扶贫，

思考的力量

贵在精准，重在精准，要针对贫困地区最亟待解决的问题，精准用力，扶到根上，扶到要害部位。教育扶贫是一项艰巨而复杂的系统工程，需要大量人力、物力和财力的支撑。习近平总书记强调，要加大对贫困地区职业教育支持力度。近年来，我国始终把教育扶贫作为扶贫工作的重点领域给予政策、财政上的倾斜，先后采取多项举措，教育普及程度显著提高。在党中央的领导下，已经逐步形成以政府为主导，以群众为生力军的社会扶贫大格局，广泛汇聚群众力量，形成脱贫攻坚的社会合力，紧紧抓住教育这个扶贫脱贫的根本，阻断代际贫困，使扶贫成效可持续化发展，使扶贫成效既为当代群众谋福祉，又惠及千秋万代。

（人民论坛网 2017 年 10 月 11 日）

打赢脱贫攻坚战要把精力用在行动精准上

实践的观点是马克思主义哲学的基本观点。马克思曾经说过,哲学家们只是用不同的方式解释世界,而问题在于改变世界。精准扶贫的关键在于发现导致贫穷的病根,寻找到拔掉穷根的治本之策,但更在于真抓实干的实际行动。行动精准确保扶贫精准能够真正落地。

从概念上解读,行动主体、行动客体、行动目标、行动环境、行动手段、行动结果这六个主要方面是构成行动实践的基本要素。相应地,扶贫工作的行动精准也应主要体现在这六个方面。而构成行动的这六方面要素与中央提出的扶贫工作六精准目标恰恰遥相呼应。

就行动主体而言,行动精准主要体现在"因村派人精准"。只有根据不同贫困地区的实际情况选派受当地群众欢迎、被当地广大百姓普遍认可的扶贫干部,才能更为有效地凝心聚力,广泛发动群众力量,把群众团结起来,使扶贫的生力军、主体力量——广大群众心往一处想,劲儿往一处使,从而充分调动行动主体的积极性、主动性和创造性,有力汇聚行动主体的智慧精准发力。

就行动客体而言,行动精准主要体现在"扶贫对象精准"。要做到扶贫工作的行动精准,找准扶贫对象是关键。只有找准行动所指向的客体,才能有的放矢，更加具有针对性，从而保证扶贫工作精准发力。

就行动目标而言，行动精准主要体现在"项目安排精准"。只有在找准、锁定行动客体的基础上，确立明确且精确的行动目标，才能使扶贫工作减少盲目性，更有方向性。而行动目标精准则主要体现在"项目安排精准"上。一方面，行动目标的设立不能好高骛远，只有做到了精准确立扶贫目标，才能确定符合实际状况的项目；另一方面，只有从实际出发科学合理地安排扶贫项目，才能更为精准地实现扶贫的行动目标。

就行动环境而言，行动精准主要体现在"资金使用精准"。营造一个青山绿水般的洁净扶贫环境，是扶贫工作精细化开展的软实力，也是硬要求。良好的扶贫行动环境主要体现在扶贫资金如何利用上。只有合理化使用扶贫资金，让扶贫资金流动在阳光下，充分在广大群众的监督下科学合理地分配，才能营造清新的扶贫氛围，建造扶贫的良好外部环境，这既有利于杜绝扶贫腐败事件的发生，又有利于发动社会力量参与扶贫积极性和主动性的提升。

就行动手段而言，行动精准主要体现在"措施到户精准"。扶贫工作的开展不能把复杂多面的贫困问题过于简单化处理，不能忽视具体差异搞"一刀切"，不能一把钥匙开多把锁，要具体问题具体分析，做到因地制宜、因势利导、顺势而为。只有针对每家每户的实际情况，才能找准病根对症下药，做到"药"到病除，而不是流于形式，治标不治本。在贫困户的致贫原因中，因病致贫的占比是最高的。在"措施到户精准"方面，株洲市率先实施健康扶贫"分类救治"。对不可逆转的疾病，尽量减少病人痛苦，延长病人生命；对需要长期救治管理的慢性病，主要是搞好疗养；对于可一次性治愈的对象，则整合资金、整合力量、全力救治、努力治愈。

就行动结果而言，行动精准主要体现在"脱贫成效精准"。只有明确扶贫责任使扶贫的各项措施落细落地，才能确保行动结果精准，扶贫工作才真正地做实、做透、做到位了。

行动精准，才能成效精准。行动精准，是精准扶贫的实践要求和现实保障。只有踏踏实实地既埋下头、撸起袖子加油干，同时又不忘抬起头、登高望远，找准努力奋斗的方向，才能使扶贫工作高效运行，少走弯路，早日打赢这场脱贫攻坚的硬仗，早日实现全面建成小康社会的宏伟目标。

（人民论坛网 2017 年 10 月 13 日）

思考的力量

"扶贫先扶志"的心理学思考

扶贫先扶志，扶贫必扶志。授之以鱼，不如授之以渔。

在心理学上，往往把我们生活中所说的"志"称为"成就动机"。"成就动机"是指主体人追求理想的内在驱动力量。麦克莱伦认为，成就动机具有相对的稳定性，人与人之间的成就动机是有差别的。阿特金森把成就动机分为正向的追求成就的动机和负向的回避失败的动机两种基本类型。心理学的相关研究表明，成就动机的高低程度往往影响一个人努力奋斗的程度，进而影响其自我设立的理想目标的实现程度。一个没有成就动机或者是低成就动机的人，会因追求既定目标内驱力的缺乏而表现为行动上的消极被动；而一个具有较高成就动机的人，则会因具有较为强烈的追求既定目标的内驱力而表现出更为积极主动的行动。生活中所说的志向，用古语可表达为"志不强者智不达"，说的是志向不够坚定的人，其聪明才智即其内在潜能难以得到较为充分的发挥。就经济生活而言，因为志向不同，努力的程度也不可能相同。因此，扶贫需先扶志。从心理学的角度看，有了志向，有了追求，就有了成就动机，就有了为幸福生活努力奋斗的驱动力量，从而自然也就有了摆脱贫困的主动意识和积极行为，实现由"补血式"到"造血式"扶贫的转变。

此外，从心理学的角度看，无论是在精神上还是在物质上受到抚慰，人一般情况下都会产生一种美妙的感觉。因为人性中或多或少总会有诸如害怕担责任、害怕面对风险、愿意受到保护等弱点存在。这一心理现象可归为阿特金森所说的回避失败的动机，表现为某种程度的依赖心理。在困难面前，在潜意识里，人总是倾向于渴望某种"权威"的存在以帮其渡过难关并替其承担可能会出现的不良后果。比如，在扶贫工作中一定程度存在的"等靠要"现象就是这种依赖心理的外在表现。针对这种现象，扶贫扶志就显得尤为重要。这就要求在扶贫过程中，更多地激发贫困人口正向的追求成就的动机，注重对贫困人口独立性的培养，不能一味地只"帮"不"扶"，在"给血式""帮"的同时，更应花大力气注重"造血式"的"扶"，培养贫困人口自力更生的能力，扶贫工作方能走得更远、进行得更深入。贫困人口独立性的培养关键在于自身确立起为脱贫致富而努力奋斗的志向，这样才会有拼搏进取的动力，才能真正激发其为脱贫而积极作为的内在张力，从而使扶贫脱贫工作在内力和外力的综合作用下稳步向前发展。因为任何事物的运动最终都是内力作用的结果，外力只有通过内力才能真正发挥作用。愿意付出、肯吃苦、不怕失败、争取脱贫致富的志向确立是使以外力为主的"帮"转化为以内力为主的"扶"的关键因素。

以习近平同志为核心的党中央一直都非常注重扶志在扶贫工作中的重要作用，反复强调"扶贫先扶志"。从中央到地方的各级领导干部一直把贫困人口自身积极主动脱贫的志气"扶"起来作为重要任务来抓，致力于激活农民主动脱贫的"内在动力"，激发贫困人口"我要脱贫"的迫切愿望，而不是政府"要我脱贫"的消极被动。目前，在各级政府的努力下，基本已经形成了"人穷志不穷"积极主动脱贫的可喜局面。

（人民论坛网 2017 年 10 月 16 日）

为什么人类命运共同体能够吸引全世界政党的目光

习近平同志站在全人类解放与发展的历史高度，在中国共产党与世界政党高层对话会的主旨讲话中高瞻远瞩地发出了"世界各国人民应该秉持'天下一家'理念，张开怀抱，彼此理解，求同存异，共同为构建人类命运共同体而努力"的号召。人类命运共同体思想的提出，是顺应时代发展的明智之举，也是社会历史发展的必然选择，是充满中国智慧的世界情怀。

在中国共产党与世界政党高层对话会的主旨讲话中，习近平同志指出"人类命运共同体，顾名思义，就是每个民族、每个国家的前途命运都紧紧联系在一起，应该风雨同舟，荣辱与共，努力把我们生于斯、长于斯的这个星球建成一个和睦的大家庭，把世界各国人民对美好生活的向往变成现实"。简言之，人类命运共同体的文化理念是"天下一家"思想，其价值追求是构建协和万邦、天下大同的美好世界。

为什么人类命运共同体能够吸引全世界政党的目光，引起全球的广泛关注？一个重要的原因就是其顺应了世界发展你中有我、我中有你的时代历史潮流，把人的发展、国家的发展与民族的发展置于普遍联系的哲学思考之中。马克思在共产党宣言中第一次系统阐述了全球化。时至今日，全球化已经把整个地球变成了地球村，把地球上不同国家、民族的彼此发展紧密联系在了一起。人类命运共同体思想的提出，是对马克思主义的深化和发展，是结合新的时代背景的现代化表达，是马克思主义中国化的最新理论成果，这一思想凝聚了中国共产党人的智慧，表达了中国作为一个泱泱大国的责任意识与使命担当。习近平同志在中国共产党与世界政党高层对话会的主旨讲话中指出："我们应该志存高远、敢于担当，着眼本国和世界，着眼全局和长远，自觉担负起时代使命。"

一方面，人类命运共同体思想体现了中国共产党对中国人民的责任与担当。在革命与战争年代，在阶级矛盾还是社会主要矛盾的历史阶段，为人民服务的目标定位体现了一个政党鲜明的政治立场，也表明了举什么旗、走什么路的问题。而在"和平与发展"成为时代主题，市场经济全球化发展趋势已经势不可当，社会主要矛盾已由人民日益增长的物质文化需要和落后的社会生产之间的矛盾转化为人民日益增长的美好生活需要和不平衡不充分的发展之间的矛盾的历史时期，这种发展的不平衡不充分需要置身于全球的范围与视野之中才能得到真正有效的解决。因此，人类命运共同体思想体现了中国共产党对中国人民的责任与担当。

另一方面，人类命运共同体思想体现了中国共产党对全人类的责任与担当。这种担当，不但是对本国人民的担当，同时也是对世界其他国家与民族人民的一种担当。能源的紧缺、环境的污染、生态平衡的破坏、安全与稳定的问题……这些世界难题的破解都不是举一国之力就能彻底解决的，而需要全球的共同努力才能够完成。因此，"人类命运共同体"思想的提出与践行同时也体现了我们中国作为一个大国对全人类的责任与担当。正如习近平同志所说的"中国共产党是为中国人民谋幸福的党，也是为人类进步事业而奋斗的党"。可见，这种责任与担当是对全人类而言的。

"事要去做才能成就事业，路要去走才能开辟通途。构建人类命运共同体是一个历史过程，不可能一蹴而就，也不可能一帆风顺，需要付出长期艰苦的努力。""实现伟大梦想需要各方面智慧和力量。我们应该全方位、多层次、多角度集思广益。""一带一路"倡议的实践就是把人类命运共同体从理念转化为行动的中国道路，是开创世界美好未来的中国智慧。"一带一路"建设的深入推进与持续进行，以实际行动表达了中国共产党做世界和平的建设者、全球发展的贡献者、国际秩序的维护者的勇气和决心。

（人民论坛网2017年12月8日）

以造福人民为最大政绩

"闻之于政也,民无不为本也。国以为本,君以为本,吏以为本。故国以民为安危,君以民为威侮,吏以民为贵贱。此之谓民无不为本也……夫民者,万世之本也,不可欺。"人民群众始终是国家富强、民族振兴之根本。习近平同志在新年贺词中强调:"各级党委、政府和干部要把老百姓的安危冷暖时刻放在心上,以造福人民为最大政绩,想群众之所想,急群众之所急,让人民生活更加幸福美满。""造福人民"才是"最大的政绩"。党的十九大报告指出,"中国共产党人的初心和使命,就是为中国人民谋幸福,为中华民族谋复兴""全党同志一定要永远与人民同呼吸、共命运、心连心,永远把人民对美好生活的向往作为奋斗目标……"。

以造福人民为最大政绩,要求党的领导干部摆正自身的位置。古语有云,"政者,正也",对于领导干部而言,"正"的一个主要标准就是看是否把人民群众的冷暖安危记于心、践于行,就是看是否把维护人民群众的根本利益作为思想准则、行动指南。"为民服务"是中国共产党的光辉使命,是党的根本宗旨,也是对党员干部的基本要求。党的领导干部要扮演好人民公仆的角色,要固守人民公仆的本分,不能摆架子、做样子,脱离群众,更不能高高凌驾于群众之上。党的领导干部要拥有一颗"畏"民之心、"敬"民之心。人民群众才是历史的创造者，才是新时代的推动者。"群众的利益"才是政绩的面子和里子，"群众的满意度"才是考核党的领导干部"政绩"的真正标准。党的领导干部要始终坚持群众路线，真正把心思放在为民办实事、谋实利上，只有这样才能作出应有的贡献，才能创造人民群众满意的政绩。党的领导干部要摆正自身的位置，合理定位自己的身份，真正弄清楚搞明白什么是政绩、为谁创造政绩、如何创造政绩。"为民服务""以人民为中心"是新时代永恒不变的主题，"让人民满意"是坚定不移的奋斗目标。党的领导干部要时刻把群众的利益摆在首位。

以造福人民为最大政绩，要求党的领导干部树立以民为本的信念。"民惟邦本，本固邦安。""为国者，以民为基。"人民才是国家与民族的根基，只有根基牢固了，国家才能长治久安。党的十九大报告指出，"人民是历史的创造者，是决定党和国家前途命运的根本力量"。树立"以民为本"的信念是对党的领导干部的根本要求。"权为民所用、利为民所谋、情为民所系"的以民为本的执政理念是中国共产党的根本价值追求。在人民面前，党的领导干部没有特殊的利益。人民群众的利益就是党员干部的最大利益与最高价值诉求。"以民为本"是中国共产党人坚持以马克思主义为指导，继承和弘扬优秀传统文化在执政理念上的价值体现与创新升华。

以造福人民为最大政绩，要求党的领导干部有为民"撸起袖子加油干"的实际践行。"纸上得来终觉浅，绝知此事要躬行。""有其言，无其行，君子耻之。"这些理论的魅力在于要知行合一。"千里之行，始于足下。"党的领导干部不但要树立正确的政绩观，更重要的是要躬身实践，积极把其付诸实际行动。党的领导干部在工作开展中要求真务实，要说实话、出实招、干实事、讲实效。要多从办公室走出来，要深入群众、深入基层，要多向人民群众学习、请教，要注重调查研究，掌握第一手真实资料，从而保证所言所行紧紧围绕人民群众的生产、生活实际,不搞主观臆断和违背客观规律的"拍脑袋"决策,更不搞有面子没里子的面子工程。要为人民群众办实事、做好事,不断满足人民群众日益增长的美好生活需要。

(人民论坛网 2018 年 1 月 2 日)

创造力：中国共产党永葆生机活力的源泉

党的十九大报告指出："我们要激发全社会创造力和发展活力，努力实现更高质量、更有效率、更加公平、更可持续的发展！"新时代意味着新起点新要求，新时代呼唤着新气象新作为。在新的历史起点上，党的创造力问题至关重要。

对于一个政党而言，如何创造性地发展，是其能否具有并保持先进性和战斗力的关键。回首中国共产党90多年来波澜壮阔的风雨征程，我们会发现，自产生之日起，中国共产党就是一个充满创造智慧的党。创造力，是我党始终保持先进性和纯洁性的力量源泉；是我党从弱小到强大，不断发展、不断完善、不断成熟的制胜法宝；是我党历经困苦与挫折的考验仍能永葆生机与活力的基因密码。正是因为我们的党是具有伟大创造力的党，才能紧紧地把广大人民群众团结在党中央的周围，不断开拓进取，在中国特色社会主义现代化建设的伟大实践中一步步实现民族复兴的"中国梦"。

在指导思想上，我党始终坚持马克思主义的指导地位，从我国的具体实际出发，创造性地运用马克思主义，形成了马克思主义中国化的理论成果，用发展的马克思主义指导新的社会实践，创造性地开拓了中国特色社会主义现代化建设的伟大事业。在新的历史起点上，又创造性地提出"中国梦"的民族复兴奋斗目标,得到了广大人民群众的高度认同。

在发展理念上,在"创新、协调、绿色、开放、共享"的五大发展理念中,"创新"位列五大发展理念之首,是"十三五"期间经济发展实现战略性转变的主要驱动力量,是构建"五位一体"总体布局,谋求全面发展的重要支撑力量。

在方针路线上,中国共产党是一个在坚决坚持实事求是思想路线下随党情、国情、世情的具体变化会创造性变通的党。无论是遵义会议,还是改革开放,都表现出我党在坚持基本原则基础上的灵活变通,表现出在实事求是基础上的解放思想、与时俱进思维。

在组织建设上,中国共产党是一个充满创造性智慧的党组织。三湾改编把党支部建在连上的创新之举在部队内部建起了严整的党组织系统,为部队全面加强党的建设提供了可靠的组织保障,使党对军队的领导更加坚强有力。

在实践行动上,我党非常注重求真务实。始终本着实事求是的基本原则看待问题、分析问题、解决问题。"实践是检验真理的唯一标准。"创造性的灵感与动力来源于实践,创造性发展的结果也要最终落到实践中去检验、去评判。创造性发展的出发点与落脚点都归于实践。而实践是主体改造客体的活动,随着主客体的不断发展变化,实践也必然要有相应的变化。而如何更好地适应不断变化的主客观环境,就需要我党具备不断创造的基本理论素养和实践能力。

在人类命运的走向上,以习近平同志为核心的党中央更是立足于全人类的解放发展创造性地提出了人类命运共同体的价值判断,并为命运共同体的人类发展宏伟蓝图贡献了"一带一路"的中国智慧、中国力量和中国方案。

与人民群众的血肉相连是我党最大的政治优势。毛泽东曾深刻指出"人民群众有无限的创造力"。党的伟大创造力既来源于广大人民群众,来源于人民群众的集体智慧，同时也来源于全心全意为人民服务的大公无私和高瞻远瞩。新时代，站在新的历史起点上，党所具有的伟大创造力必将一如既往地团结广大人民群众的力量走向民族复兴的历史辉煌。

（人民论坛网 2018 年 1 月 3 日）

新时代呼唤新气象新作为

新时代当有新气象，新使命呼唤新作为。站在新的历史起点上，要有新思路、新做法、新面貌、新成绩……党的十九大的胜利召开开启了一段新征程，点亮了奋进的指路明灯，吹响了建设中国特色社会主义强国的进军号角，为新时代的新气象新作为指明了前进方向。

经济建设要有新转变。中国特色社会主义迈入新时代，我国经济建设也面临新契机。2017年12月18日至20日召开的中央经济工作会议指出，"要推进中国制造向中国创造转变，中国速度向中国质量转变，制造大国向制造强国转变"。"三大转变"将助力我国经济的创新发展和创造性转化，开创经济绿色发展、协调发展、平稳发展、可持续发展新局面。

文化建设要有新方向。党的十九大报告指出，"没有高度的文化自信，没有文化的繁荣兴盛，就没有中华民族伟大复兴。要坚持中国特色社会主义文化发展道路，激发全民族文化创新创造活力，建设社会主义文化强国"。"满足人民过上美好生活的新期待，必须提供丰富的精神食粮。"中国特色社会主义进入新时代，中华民族迎来了从站起来、富起来到强起来的伟大飞跃，这意味着要解决人民日益增长的美好生活需要和不平衡不充分的发展之间的矛盾不能仅仅局限于物质资源的积累，更要注重文化资源的培育，尤其是文化自信。"文化自信是更基本、更深沉、更持久的力量。"新时代，文化空间更加清朗，文化生活更加丰富。群众的"文化获得感"普遍提高。

社会建设要有新面貌。党的十九大报告对新时代社会建设所提出的工作目标是：提高保障和改善民生水平，加强和创新社会治理。只有不断破解民生难题，不断提高人民群众的幸福感、获得感和满足感，才能赢得人民的认可与拥护，社会才能长治久安。社会建设要始终以人民为中心，以为人民服务为宗旨，把满足人民日益增长的美好生活需要作为奋斗目标。

生态文明建设要有新格局。党的十九大报告就生态文明建设提出了新任务、新要求，首次把"美丽"作为社会主义现代化强国的奋斗目标之一，强调人与自然之间的和谐共生，且多次提及"生态文明""美丽""绿色"等词汇。人与自然是生命共同体，人类必须尊重自然、顺应自然、保护自然。人类只有遵循自然规律才能有效防止在开发利用自然上走弯路，人类对大自然的伤害最终会伤及人类自身，这是无法抗拒的规律。在党的十九大报告中，提到两个阶段的安排：第一阶段，生态环境根本好转，美丽中国目标基本实现；第二阶段，从2035年到本世纪中叶，把我国建成富强民主文明和谐美丽的社会主义现代化强国，生态文明将全面提升。新时代，要加快生态文明体制改革，建设美丽中国。要推进绿色发展、着力解决突出环境问题、加大生态系统保护力度以及改革生态环境监管体制。要推动形成人与自然和谐发展现代化建设新格局。

（人民论坛网2018年1月4日）

让诚信打开心底的那扇窗

正所谓"民无信不立、事无信不成、商无信不兴。进学不诚则学杂，处事不诚则事败，自谋不诚则欺心而弃己，与人不诚则丧德而增怨"。"诚信"是打开心底沟通之窗的钥匙，是构建和谐社会的基石，是衡量人类文明程度的重要标准。

亘古以来，诚信一直都是中华民族世代传承的优良美德，是人之为人的基本道德规范，是社会主义核心价值观的重要内容之一。党的十九大报告指出，要"推进诚信建设和志愿服务制度化，强化社会责任意识、规则意识、奉献意识"。自有人类文明以来，世世代代中华儿女都恪守着诚信的为人处世之道，书写着中华民族的光辉历史。作为文明的礼仪之邦，我国一直都是崇尚诚信的国度，有着深厚而悠久的诚信文明史。从"神农辨药尝百草，神兽助诚信"质朴的中国古代神话传说到尧舜禹的诚信精神，从商鞅徙木立信的千古佳话到孔子"人而无信，不知其可"的道德告诫……这些优秀的历史人物与感人的诚信事迹无不生动而鲜活地记录着、诠释着中华儿女崇尚诚信的文化审美和孜孜以求的价值选择。立木为信与烽火戏诸侯的鲜明经典对比使我们懂得"诚信"之于个人发展、国家兴衰成败的重要意义与价值。

所谓"诚信"就是指诚实、守信，要求人们做到一诺千金、言行一致。

其中"诚"是就天道而言,指对自然规律的尊重与遵从;"信"是就人道而言,指人在社会生活中要言行统一,说到做到,要求人们从客观实际出发,尊重客观事实。诚信是道德之基、文明之本。只有在诚信的基础之上,才能建立人与人之间的彼此互信与相互尊重。

一直以来,众多诚信模范的感人故事屡屡见诸报端、从未间断,给我们内心带来温馨与温暖、感动与震撼的同时,也为社会的积极健康发展注入了满满的正能量。但与此同时,被扶的跌倒老太太反倒昧着良心诬陷热心搀扶者,以假乱真天价售卖假冒伪劣绿色有机蔬菜、瘦肉精、毒奶粉等不诚信的恶性事件却也时有发生,时不时地挑战着人们敏感的道德神经,冲击和考验着人们的道德底线。

面对诚信危机,如何惩恶扬善,大力弘扬诚信文化,积极报道宣传诚信正面事迹,严厉惩戒处罚不诚信行为,在全社会范围内形成能褒善贬的诚信建设机制与社会舆论氛围,营造风清气正的诚信文化环境,是诚信危机治理必须思考和亟待解决的重要课题,也是打开人们心底交流之窗的妙法良方。要大力弘扬诚信文化,形成褒贬兼顾的诚信建设机制与社会舆论环境,就要深入贯彻落实党的十九大会议精神,完善诚信体系建设,使诚信建设制度化、法制化、规范化、社会化,为诚信治理提供基本的制度遵循和文化参考;就要丰富诚信文化教育的内容与形式,在全社会范围内形成以诚实守信为荣,以弄虚作假、言而无信为耻的思想道德风貌。

让诚实守信变成窗前一缕温暖的阳光,让诚实守信变成滋润心房的雨露甘甜,用诚实守信的魔幻力量打开彼此紧闭的心灵之窗,让人们享受真诚带来的魅力馨香!

(人民论坛网 2018 年 1 月 22 日)

新年新气象　新时代新作为

党的十九大报告做出了"中国特色社会主义进入了新时代"的重大政治判断。新时代要有新气象更要有新作为。作为全面贯彻中共十九大精神的开局之年，2018年是决胜全面建成小康社会、实施"十三五"规划承上启下的关键一年。2018年是非同寻常的一年，能否焕发新气象、展现新作为，至关重要、意义深远。

俗话说"一年之计在于春"。农历新年刚刚过去，中华大地迎来了新的生机、新的活力。万物复苏，孕育着春天的希望和喜悦。在新的历史起点上，要有新期待、新使命、新举措、新突破、新业绩，总而言之要有新面貌、新作为。开局之年的新气象，会为全面建成小康社会、顺利实施"十三五"规划奠定一个好的基础，提供一个好的保证。

新年新气象的美好愿望，新时代新作为的伟大憧憬，不是靠想、说、等就能实现的，靠的是万众一心、胼手胝足的苦干和实干，需要强烈的责任意识和居安思危的紧迫感，需要饱满的工作热情和忘我的工作干劲。

百舸争流，不进则退。新年新开始，新时代新希望，让我们以党的十九大精神统揽全局，站在新的历史起点上，以"修身齐家治国平天下"的家国情怀，以殚精竭虑的工作状态，在对美好生活的憧憬与追求中既实现自我发展与成长的个人梦又实现民族繁荣富强的国家梦。

（人民论坛网 2018 年 2 月 22 日）

中国梦：海归的归宿梦

每个人都有理想和追求，都有自己的梦想。每个国家、每个民族都有自己的梦想。有梦想才有希望，梦是心灵的窗口。我们的人生因梦想而伟大。梦想就像跳动的音符，奏出人生的华彩乐章。梦想就像是一缕阳光，指引着我们在困境中不忘初衷，勇往直前。梦想总会埋藏在我们的灵魂深处，激励着我们在风雨中努力前行。

在国富民强中国梦的指引下，海归们纷纷踏上了归乡的旅途，回归祖国的怀抱。海归们的中国梦是丰富多彩的，有创新创业的"梦"，有贡献祖国的"梦"，有反哺社会的"梦"，有亲朋团聚的"梦"，也有发财致富、放飞自我的"梦"……林林总总，不一而足。中国梦与个人梦的关系是辩证统一的，是一个有机的整体。中国梦凝聚了几代中国人的夙愿，体现了中华民族和中国人民的整体利益，是每一位中华儿女的共同期盼。中国梦归根结底是人民的梦，必须紧紧依靠人民来实现，必须不断为人民造福。

有国才有家，个人梦的实现需要融入中国梦的整体思维之中，中国梦的实现需要每一位中华儿女的积极实践。"众人拾柴火焰高"，唯有海内外中华儿女众志成城，勠力同心为实现中国梦这个伟大目标而努力奋斗，方能使梦想照进现实。习近平总书记指出，中华民族一家亲，同心共筑中国梦，这是

思考的力量

全体中华儿女的共同心愿，也是全国各族人民的共同目标。实现这个心愿和目标，离不开全国各族人民大团结的力量。历史告诉我们，每个人的前途命运都与国家和民族的前途命运紧密相连。国家好，民族好，大家才会好。实现中华民族伟大复兴是一项光荣而艰巨的事业，需要一代代中国人共同为之努力。

中国梦的最终目标是更好地服务于广大人民的个人梦，是更充分地满足每位中华儿女对美好生活的追求与憧憬。习近平总书记深刻地指出，中国梦是中华民族的梦，也是每个中国人的梦。中国梦意味着每个人都能在为中国梦的奋斗中实现自己的梦想。中国梦是追求幸福的梦。我们的方向就是让每个人获得发展自我和奉献社会的机会，共同享有人生出彩的机会，共同享有梦想成真的机会，保证人民平等参与、平等发展权利，维护社会公平正义，使发展成果更多更公平惠及全体人民，朝着共同富裕方向稳步前进。

俞敏洪曾经说过，一个人要实现自己的梦想，最重要的是要具备以下两个条件：勇气和行动。有人类的地方，从来都不会缺乏梦想。梦想人人可以有，关键是怎样去实现它。梦想成真需要不畏艰难的勇气与信心，更需要踏踏实实地去干去努力。使命呼唤担当，使命引领未来。海归中国梦的使命担当引领着一代代海归在民族复兴的道路上留下了一串串拼搏进取的脚印。大道之行，天下为公。"一身报国有万死，双鬓向人无再青。"国之所在，梦之所依，情之所系。有国才有家，国富才能民强。民族伟大复兴的中国梦是海内外中华儿女共同的梦，也是共同的命运归宿，需要大家一起来圆梦。只有实现中华民族伟大复兴的中国梦，家庭梦才能成真，个人梦才能成真。

（人民论坛网 2018 年 5 月 15 日）

海归共筑民族复兴梦

中国梦是丰富的、多彩的，其中凝聚了中华儿女几代人的美好夙愿与憧憬。中国梦的实现需要我们有撸起袖子加油干的务实精神与身体力行，需要我们每个人都参与其中，做积极的践行者，而不是旁观者。习近平总书记指出，"团结统一的中华民族是海内外中华儿女共同的根，博大精深的中华文化是海内外中华儿女共同的魂，实现中华民族伟大复兴是海内外中华儿女共同的梦。共同的根让我们情深意长，共同的魂让我们心心相印，共同的梦让我们同心同德，我们一定能够共同书写中华民族发展的时代新篇章"。这三个"共同"，不仅体现出总书记对海外侨胞的深厚感情，更寄托着祖（籍）国对广大侨胞同圆共享中华民族复兴梦想的殷切期望。海天之怀揽日月，华夏文明共流长。海归与祖国同根同脉，共生共荣。中国梦的实现需要海内外中华儿女同心同德、勠力前行，需要海归们的主动参与和积极践行。习近平总书记指出，"长期以来，一代又一代海外侨胞，秉承中华民族优秀传统，不忘祖国，不忘祖籍，不忘身上流淌的中华民族血液，热情支持中国革命、建设、改革事业，为中华民族发展壮大、促进祖国和平统一大业、增进中国人民同各国人民的友好合作作出了重要贡献"。

做文化交流的使者，互学互鉴，共筑人类命运共同体。习近平总书记指出,"中国梦是中国人民追求幸福的梦,也同各国人民的美好梦想息息相通。中国发展必将寓于世界发展潮流之中,也将为世界各国共同发展注入更多活力、带来更多机遇"。文化的发展,是一个不断扬弃的过程,是一个不断吐故纳新、博古通今、以开放的姿态彼此交流借鉴的过程。一方面,海归中国梦的追梦、逐梦、圆梦过程,有利于文化交流、沟通、互鉴,也有利于精神文明建设。就国内而言,海归们更了解我们需要什么,我们的文化心理特点是怎样的,我们民族的审美标准如何……这些得天独厚的优势,使得海归们能够更好、更准确地把握应该把什么样的外来优秀文化,以怎样的方式和途径传播给我们国民,使我们更为高效地吸收、借鉴国外文化的合理成分与有机养料。就国外而言,海归们同时也比较了解和熟悉国外的风土人情、行为习惯和思维特点,因此,有利于把我们的优秀文化融入国外的话语体系之中介绍给外国友人,讲好中国故事、传播好中国声音、树立好中国形象,为中华文化的海外传承贡献力量,为中国更加走近世界舞台中央提供方案与智慧,促进中外民众相互了解和理解,为实现中国梦营造良好环境。另一方面,海归中国梦的追梦、逐梦、圆梦过程,有利于物质产品的推广、介绍与传播,有利于物质文明建设。任何物质产品都凝结着相应的文化。人们对物质产品的选择、审美与接受,其背后往往都有或深或浅的文化支撑。物质产品是文化交流沟通的载体。产品市场的打开,往往在很大程度上是源于受众对所传递的文化的一种接受与认同。我们的同胞无论生活在哪里,身上都有鲜明的中华文化烙印,中华文化是中华儿女共同的精神基因。海归们在与国外友人交往的过程中,自身所散发出的文化气息,对我们本土的品牌产品是最好的形象代言与推广。

做政策制定的参与者,献计献策,共建中华美好家园。海归见多识广,经历丰富,文化多元立体,理应为国家发展大政方针的制定建言献策,注入崭新的活力与生机。一方面,国家的发展需要充分地吸收海归的合理建议,展现祖国的凝聚力和人本关怀。据国家统计年鉴的统计数据显示,近10年来,归国海外人才的数量逐年增加。《2017海外人才就业分析报告》中的数据显示，中国已经迎来了第三次海归大潮。随着海归人数的上升，其在人口总数中所占比例不断攀升，海归群体已经越来越成为国民结构中的一支重要力量，也必将发挥越来越重要的作用。在政策的制定中广泛吸收广大海归群体积极参与其中，充分尊重海归们的意见与意愿，体现社会主义国家的民本关怀，体现社会主义制度的优越性。另一方面，海归本身也需要积极参与国家的政策制定，增加融入感、参与感和成就感。亲身参加或者介入某件事，可以有效提高主体的幸福感和成就感，也有利于进一步激发其使命感和责任意识。积极参与国家政策的制定，积极献计献策，不仅增强了海归们融入中国梦实践的参与感和成就感等内在的情感动力，而且也为海归们更加了解国家政策，获得合理定位自身目标的机会，更为高效地融入改革开放大潮，为建设社会主义现代化强国贡献力量提供了便利条件。

做创新创业的生力军，投身实践，共创共享改革开放红利。创新创业是民族发展与进步的灵魂，是一个国家重要的软实力，是衡量一个国家综合国力的重要指标之一。一方面，中国梦的实现，应充分激发海归们的创新意识、创新思维、创新能力，并转化为创新成果。当代社会的创新，更需要把不同的元素排列组合，优化配置，从而产生新模式、新理念、新产品，进而开拓新市场、新空间，谋求新发展，注入新活力。海归们具有广阔的国际化视野，独具东西文化兼容的知识背景，这些都为其创新能力的激发与培养、创新成果的转化提供了相对的比较优势。另一方面，中国梦的实现，应充分激发海归们的创业热情、保护创业成果、推广创业经验。习近平总书记指出，中国梦的方向就是让每个人获得发展自我和奉献社会的机会，共同享有人生出彩的机会，共同享有梦想成真的机会，保证人民平等参与、平等发展权利……作为创业的生力军，海归精英们重返故土投资兴业，在促进经济转型升级、创造改革开放经济发展红利方面作出了巨大贡献，既是中国梦的积极践行者，又是中国梦实践成果的惠及者。

思考的力量

中华民族正以崭新的姿态屹立于世界的东方。中国梦是国家梦、民族梦，也是每个中华儿女的梦。中国梦不是镜中花、水中月，不是空洞的口号，其最深沉的根基在中国人民心中。广大海外侨胞有着赤忱的爱国情怀、雄厚的经济实力、丰富的智力资源、广泛的商业人脉，是实现中国梦的重要力量。只要海内外中华儿女紧密团结起来，有力出力，有智出智，团结一心奋斗，就一定能够汇聚起实现梦想的强大力量。

（人民论坛网2018年5月15日）

海归中国梦彰显祖国向心力

从海外游子纷纷踏上回归祖国怀抱的迫切愿望和积极行动中,我们能强烈地感受到海归们作为炎黄子孙一分子的强烈责任感、民族自豪感和沉甸甸的使命感,同时,我们也能强烈地感受到日益繁荣富强的祖国对海外游子的殷切呼唤和强烈吸引。改革开放40年来,海归们书写了描绘中国梦的壮丽篇章,中国梦也像灯塔一样为海归梦的实现照亮了前进的道路。

国家统计年鉴的统计数据显示,近10年来,归国海外人才的数量逐年增加。《2017海外人才就业分析报告》中的数据显示,中国已经迎来了第三次海归大潮。海归们以高度的热情积极投身到创新创业的改革实践中,以其远见卓识和踏实肯干的实际行动挺起了民族的脊梁,为改革开放40年的中国腾飞作出了巨大贡献。

国破山河在的民族不屈精神,是近代海归中国梦的精神支柱,支撑着中华儿女从支离破碎的梦中醒来并坚强地站起来。从钱学森发出"我不爱钱,只爱国"的铮铮爱国誓言,推动中国导弹事业迅猛发展,到茅以升以爱国之志修建了飞越天堑的钱塘江大桥,树立起中国铁路桥梁史上的一块丰碑,让中国人在外国人的轻蔑面前挺起了脊梁。百年苦难金戈铁马。近代海归们的爱国事迹见证了中国梦所经历的苦难与不屈历史。在近代,一批批海归深情地描绘了面对疮痍满目的国土，中华民族生生不息、上下求索、救亡图存的斗争史和奋斗史。

建设社会主义现代化强国，是现代海归中国梦的价值追求和自觉行动，鞭策着中华儿女在富起来到强起来的历史飞跃中披荆斩棘、锐意进取。飞速发展的中国梦吸引着海归们放弃海外优厚的物质待遇踏上回归祖国的道路。改革开放 40 年来，一波又一波的海归大潮见证着中国梦的奋然腾飞。林毅夫、杜祥琬、陈十一、张亚勤等海归精英选择踏上归国的道路，融入"中国梦"的主旋律，除了浓浓的赤子情、报国志的动因，祖国的日新月异、繁荣富强就像磁场一样强烈地吸引着他们回到祖国大家庭中实现腾飞梦。从 40 年前吐故纳新的改革开放，到 40 年后"上可九天揽月，下可五洋捉鳖"，中国梦以可感可触的现实感和成就感走进我们的生活中，描绘着未来的发展蓝图，为海归梦点亮前进的征程。

一代代海归以自身的实际践行感悟着历史的沧桑与屈辱，见证着今朝巨变与辉煌，在圆梦的历程中，凭着一股敢干、肯干、实干的务实精神，做民族复兴的践行者而不是旁观者，以归国、报国的拳拳赤子心托起了炎黄子孙顶天立地的中华民族复兴梦，彰显了祖国的向心力和凝聚力。

（人民论坛网 2018 年 5 月 11 日）

"中国梦"激励着海归的使命感
——杨振宁的拳拳赤子心 浓浓爱国梦

人生天地之间,若白驹之过隙。人生只能走一回,但梦想却有无数个。有所思就会有所梦,有人类的地方就会有梦想的火花。每个人都有自己的梦想,每个民族也都有自己的梦想。梦想所承载的内容反映了一个民族的追求、追梦逐梦的奋斗姿态体现了华夏儿女的远大抱负。"中国梦"凝结了几代中国人的夙愿,是百年来中华儿女矢志不渝的目标追求和思想意志,激励着海归们在新时代的宽广舞台上乘风破浪,畅想未来,放飞梦想;激励着海归们牢记自己作为龙的传人所应肩负的神圣使命,拼搏进取,竞展时代风采。

党的十九大报告描绘了富国强民的宏伟蓝图,向全世界宣告我们中华民族已经经历了从站起来、富起来到强起来的历史飞跃;向全世界展示了承载我们炎黄子孙希望与寄托的"中国梦"正在以可感可触、日新月异的变化出现在我们生活中。在崭新的历史起点上,众多海外人才选择回归祖国的怀抱,以昂扬的热情和斗志拥抱新时代、拥抱新希望,积极投身于实现"中国梦"的队伍中,把践行中国梦、实现中国梦作为灵魂深处的价值取向和自觉追求,为祖国的繁荣富强上下求索、贡献力量。

不忘初心,牢记使命,海归们以坚定的政治信仰和崇高的道德情怀托起国富民强的灿烂明天。作为一名海归，要有坚定的政治信仰。通过不断学习提高自己的理论水平，全面提升个人的思想觉悟，在"中国梦"的践行中尽职尽责，体现中华儿女肯付出、乐于奉献的民族本色。作为海归精英的代表人物，杨振宁以物理学第一人的身份，用"面子"为中国请回了姚期智、林家翘等重量级人才，为中国科学家打开了宽广的视野，拉近了我国的科技发展水平与世界科技前沿之间的距离。"没有飞檐翘角，没有豪华的外墙面装饰"，一名年过花甲的老师以"出人意料的朴素大方"来形容杨老先生居所的简朴。为了中国科教事业的发展，高龄的杨老先生不辞劳苦，往返奔波，先后担任清华大学等几十所高校的名誉教授或兼职教授。杨振宁老先生的爱国事迹不胜枚举，其高尚的道德情怀深深感染、感召着中青年海归们胸怀家国天下，肩负起时代赋予的使命，为海归"中国梦"的践行与实现播洒热血，砥砺奋进。

不忘初心，牢记使命，海归们以整体思维和大局意识融入民族伟大复兴的洪流之中。一滴水融入大海才不会干涸，有限的生命只有投入到伟大的事业中才会得到永生。"中国梦"体现了中华民族和中国人民的整体利益，以人们对美好生活的追求和共同富裕为目标，凝结着中华民族的共同利益诉求。在"中国梦"的指引下，海归精英们从未停止过栉风沐雨砥砺前行的脚步，他们纷纷将国家与人民的利益和个人利益紧密结合在一起，把大我与小我有机融合起来，把小我的个人梦融入民族伟大复兴的国家梦之中，默默奉献，服务大局。作为一位具有国际盛名的科学家，杨振宁从大局出发，为中国科学事业提供力所能及的帮助。1981年他在当时任教的纽约州立大学石溪分校设立专项奖金，捐资支持中国各高校和研究所人员前往石溪做访问学者，国内多名重量级学者都曾受惠于此。

建设高度文明的现代化国家，是广大海归的内心呼唤，是广大海归怀揣的"中国梦"，同时也是新时代强国目标赋予海归们的神圣使命。"长风破浪会有时，直挂云帆济沧海。"作为创新创业的中坚力量，以杨振宁老先生为代表的海归们始终不忘报国梦,牢记使命,敢于担当,为民族伟大复兴的"中国梦",为国富民强的"中国梦",为吹响新时代号角的"中国梦"而不懈奋斗、披荆斩棘、砥砺前行!展现了拳拳赤子心和殷殷报国情,展现了真正的中国力量和中国魅力!

(人民论坛网 2018 年 5 月 9 日)

"中国梦"对海归人才的时代呼唤

党的十九大报告强调,"人才是实现民族振兴、赢得国际竞争主动的战略资源",明确要求要"聚天下英才而用之,加快建设人才强国"。在崭新的历史起点上,新时代呼唤海归人才,为海归们提供了发展机遇和成长条件。新时代需要海归人才,海归人才也将引领新时代、推动新发展、开创新局面、形成新气象。

新时代为海归的发展提供机遇、创造条件

新时代为海归的发展营造了肥沃的土壤。时势造英雄,具有鲜明时代特征的社会客观环境为英雄的出现与培养创造外部条件,这是社会发展亘古不变的规律。新时代中国特色社会主义现代化强国建设的伟大实践为海归施展才华、增长才干营造了良好的社会氛围。社会主义民主政治的深入发展与逐渐成熟为解放思想、打开思路、畅所欲言的海归成长环境提供了坚实的政治保障;社会主义市场经济的飞速发展和平稳推进为海归的培育提供了强劲的助推力量;社会主义先进文化的发展与建设需要广泛而坚定的文化自信和文化自觉保驾护航,而坚定的文化自信与文化自觉为海归人才创新意识的培养、创新思维的激发、创新能力的提升、创新成果的转化提供了坚实的文化基础；社会主义和谐社会建设为海归人才的创新性发展提供了宽松、包容的社会环境，使海归们的安全感、幸福感和获得感普遍提高，而在安全感、幸福感和获得感普遍提高的社会中，人们的想象思维、创新思维则更容易被激发出来。此外，以民为本的发展取向为海归的发展找准了出发点和落脚点；社会主义生态文明建设为尊重自然、遵循自然规律、保护自然、热爱自然的海归培养开辟了健康的生存空间，为海归的健康成长和人才引进提供了良好的外部宜居环境。

新时代为海归的发展创造了良好的条件。加强党的建设是中国特色社会主义现代化事业不断取得成功的重要法宝，是中华民族伟大复兴的基础与保障。党的建设是党和人民事业发展壮大的关键，是确保党同人民群众同呼吸、共命运的根本。历史经验以不可辩驳的事实证明，面对中国发展的不平衡不充分现状，要解决好社会基本矛盾，要满足人民日益增长的美好生活需要，关键在党，关键在抓好党的建设，关键在于坚决贯彻落实"坚持党对一切工作的领导"原则。就人才建设，习近平同志强调，党管人才，主要是管宏观、管政策、管协调、管服务，而不是由党委去包揽人才工作的一切具体事务。党管人才的目的是在尊重人才发展规律的基础上为海归的发展创造良好条件，充分发挥党在人才队伍建设中谋大局、抓关键、管协调的宏观作用，通过党的引导推进人才工作，以达到解放人才、发展人才、充分发挥人才作用的目的，积极鼓励人才创新，做到人尽其才。习近平同志强调，要坚持和完善党管人才原则，切实改进党管人才方法，真正做到解放人才、发展人才、用好用活人才。可见，党管人才不是简单地以规章制度限制人才、约束人才，更不是要把人才管住统死。"党管人才"的关键是要大力打破束缚人才创新发展的落后观念以及不合时宜的管理体制，为海归发展扫清障碍、创造机遇、提供条件，广招天下贤才，以制度优势和体制机制优势更好地识才、爱才、敬才和用才。"党管人才"原则，既明确了党管人才的内涵与实质，又阐释清楚了党管人才的途径与手段，有助于在人才工作的实践中准确把握海归的培养方向与基本原则。

新时代为海归的发展提供了宽广的舞台。新时代中国特色社会主义现代化强国建设的伟大实践为海归施展才华、实现远大抱负提供了广阔空间。习近平同志在党的十九大报告中指出，坚持和平发展道路，推动构建人类命运共同体。他还进一步指出，中国共产党始终把为人类作出新的更大的贡献作为自己的使命。人类命运共同体的构建需要建设一支知识结构合理、综合素质优良、专业技术过硬的内外兼通海归队伍。面对经济发展低迷等世界性发展难题，创新发展理念，创新发展途径，大力培育创新型海归人才、为创新型海归人才的发展提供广阔平台，将会更有助于寻找到破解难题的方案。"创新、协调、绿色、开放、共享"的新发展理念呼唤海归人才建设，而海归人才也必将成为人类命运共同体构建的推动力量。在人类命运共同体建设的进程中，中国作为一个负责任有担当的大国，作为世界和平的建设者、全球发展的贡献者、国际秩序的维护者、世界多元文化交流与沟通的促进者，更加需要经历多元文化熏陶、具有创新能力的海外留学生们献计献策，贡献智慧、提供方案，为拉近中国与"一带一路"沿线国家的距离，走近世界舞台中央发挥桥梁和纽带作用。构建人类命运共同体的新使命、新任务，为海归施展才华，实现抱负与梦想提供了宽广的平台。

新时代、新发展对海归提出的新要求

海归要成为新时代的领跑者，要不断提高创新能力这一核心素养。创新是民族繁荣，国家振兴的灵魂。创新能力的培养与提升不能局限于自然科学领域，社会科学领域的新型人才同样需要创新能力的培养与开发。比如，如何处理好传统与现代的关系，继承与弘扬的关系，文学与艺术的关系等，都需要开拓视野、打开思路，具有创新意识和创新思维，并转化为创新能力，最终形成创新成果贡献人类社会。在这方面，知识结构更为立体、多元、丰富的海外留学生更有自身独特的优势，留学生们可以充分运用多样化的文化积淀，为创新发展的谋篇布局贡献力量。

海归要成为新时代的领跑者，要不断提升应对能力。要适应新的国际国内环境，要适应新的党情国情，要适应新的工作要求与任务等一系列不确定因素，就需要海归必须具备应对能力，以适应信息时代日新月异的发展变化。这一基本素养是新时代对海归的基本要求。尤其是对海外留学生而言，面对不同的文化习俗、体制机制、工作风格与生活节奏，更需要适应能力的培养与提高。较高的适应能力，也是以开放的姿态建设人类命运共同体的基本要求。

海归要成为新时代的领跑者，要具有与时俱进的国际胸怀与全球视野。人才的国际化是经济全球化的必然结果。新时代，人类命运共同体的构建，"一带一路"的实际践行，使国与国之间的联系愈加紧密，使世界范围内的文化交融日益频繁，而文化的差异、观念的碰撞使得地球村上的世界公民越来越需要具有开放包容、互学互鉴的世界情怀与国际视野。海外留学生在全球文化交流、互鉴与融合的历史进程中，要起到带头作用，做好文化传播与沟通的使者，充分发挥消解文化冲突的催化剂和润滑剂作用。

为海归的培育营造新环境、创造新契机

积极解决海归在生产生活中的实际问题，不断增强其获得感。在社会治理中，要主动吸收海归们参与到政策制定中来。认真倾听海归们的意见，表达党和国家重视、重用海归人才的诚意和决心；在实际工作中，尽量创造良好的制度条件和组织文化，使海归人才能够卸下包袱轻装上阵，全身心地投入到工作中，谋求最大限度地发挥其价值与作用；在现实生活中，要关心海归的实际困难和需求，通过倾斜政策和具体措施帮助其解决诸如子女入学、治病就医等实际问题。

以包容、开放的心态对待海归，不断增强其幸福感。随着科技的进步和生产力的进一步发展，社会分工越来越细化，不同领域的人才之间在工作条件、工作方式等方面的差异越来越明显；不同成长背景和留学经历的海外留学人员的文化审美和生活理念也不尽相同……这就需要领导以及社会大众以更加开放和包容的心态面对差异，增强不同领域、不同行业间的彼此交流与沟通，谋求行业间的融合发展与创新发展，形成和谐共建的人才队伍建设新气象，使新时代的社会建设者感受到祖国大家庭，乃至世界大家庭的温暖，从而实现以人为本的人才发展目标，不断提升其幸福指数。

新时代呼唤新气象新作为，新时代的伟大事业需要海归去开辟。在新时代人才战略的指导下，海归要有勇于担当的精神，要勇担新时代赋予的新任务、新使命，为实现中华民族伟大复兴的"中国梦"和人类命运共同体建设的"世界梦"努力奋斗。

（人民论坛网 2018 年 5 月 8 日）

海归中国梦的社会担当
——海归创业者黄晓庆的家国情怀

党的十九大立足于建设社会主义现代化强国、实现中华民族伟大复兴的奋斗目标，对人才工作以及人才队伍建设提出了一系列新要求，采取了一系列新举措，这充分表明党把人才工作放在非常重要的战略位置，为人才队伍建设指明了前进方向，提供了根本遵循。党的十九大树立了一座丰碑，宣告中国特色社会主义进入新时代。在崭新的历史起点上，新时代呼唤新型人才、造就新型人才，为新型人才提供发展机遇和成长条件。在崭新的历史条件下，海归们应在新型人才的队伍建设中有所作为，体现中国梦践行中的责任担当。

是否具有创新思维，是否懂业务、懂战略，其敬业精神、奉献精神等综合素养如何，这些都直接决定着海归们在社会发展进步中能发挥多大的作用。海归们要更好地奉献社会，实现自身价值，就应该勇担社会责任，拥有强烈的家国情怀，积极、理性地参与社会实践，这是一名海归应有的责任与担当。

积极探索，勇于创新，引领时代潮流

改革开放40年的实践经验充分证明，创新是社会发展的动力源泉，创

新是一个民族繁荣昌盛的制胜法宝，也是实现中国梦的灵魂。身为工程师、海归创业者、达闼科技创始人兼CEO黄晓庆不断引领企业在专业领域做到理念前卫、技术领先。他积极探索，勇于创新，创造性地提出了"网络即交换"的软交换理论，发起成立了国际软交换组织，开发了世界第一套软交换系统，开发了世界第一套运营商级流媒体交换及IPTV系统。他领导中国移动通信研究院进行技术创新和研发，创造性地提出了为运营商建设下一代移动互联网的网络、应用和终端三大基础设施的战略构想，推动TD-LTE成为B3G国际主流标准，开发了终端核心基础软件（OMS），创造了一个由中国引领的时代，提升了中国通信产业在国际上的话语权和影响力，实现了他心中怀揣的中国梦。

投身实践，使学有所用，积极奉献社会

"事要去做才能成就事业，路要去走才能开辟通途。"实现民族伟大复兴的中国梦要汇聚智慧与力量，踏踏实实地干才能实现。黄晓庆时刻铭记习近平总书记"理想信念动摇是最危险的动摇，理想信念滑坡是最危险的滑坡"的警示忠告，不忘初心、砥砺前行，不断以自己的实际行动践行一名海归专家应有的责任与使命。他在就职演讲中提出了"三个梦"，其中"中国梦"是位于第一位的。他说："第一，是中国梦，是中华民族的伟大复兴梦，需要全国人民一起努力去实现这个梦。第二，是科学梦，我们在信息产业，甚至整个科技领域，都会面临即将到来的第四次工业革命。而最后一个梦就是我们华科大人的梦，这个梦就是把母校建设成为一个创新创业、成就企业家的中国的斯坦福。"在他看来，更重要的是"发扬科技报国、产业报国的精神，以自己所长，通过建立人工智能交叉科学研究中心，来培养新一代的科学家、工程师，来构建人才培养与技术研发的双赢格局，从而为中国引领世界第四次工业革命，为实现中华民族伟大复兴而砥砺前行"。从黄晓庆对"梦"的追求可以看到，他始终把奉献社会，服务祖国，实现社会价值作为自己的人生追求，体现了一名海归心怀家国天下的责任担当。

"天下之本在国，国之本在家，家之本在身。"孟子以精辟的语言解释了天下、国、家、人之间的辩证关系：天下的基础是国，国的基础是家，家的基础是个人。国与家本身就是一体的，是相辅相成、密不可分的。中华文化是家国文化，家国思想由来已久，根深蒂固，融入血脉，深入骨髓。"国"与"家"合在一起才可称为"国家"，这是中华民族独有的概念。越来越多的海归像黄晓庆那样，在改革开放的浪潮中，以锐意进取的品质，以勇于创新的精神，以自身的实际行动践行着于社会、祖国的责任担当，为中国梦的实现积极地贡献着光和热，无怨无悔！

（人民论坛网 2018 年 5 月 7 日）

海归中国梦的家国情怀

致天下之治者在人才。人才是立业之本、兴业之源、弘业之道。自党的十八大以来,面对激烈的人才竞争,习近平同志提出了"聚天下英才而用之"的发展理念。广大海外留学归国人才以自身的实际行动回应了祖国大陆对人才的呼唤与渴求,用一个个鲜活而感人的追梦、寻梦事迹诠释了新时代海归们家国情怀的时代内涵,为实现中华民族伟大复兴的中国梦注入了源源不断的崭新力量。

习近平总书记在看望参加全国政协十二届五次会议的民进党、农工党、九三学社委员时指出,我国知识分子历来有浓厚的家国情怀,有强烈的社会责任感,重道义,勇担当。习近平总书记的这番意味深长的话在海归群体中引起了强烈反响和共鸣。

梁园虽好,非久恋之乡。风雨如晦,爱国之心不改。家国情怀是流淌在中华儿女血液中的文化传承、基因密码和情感诉求,也是鞭策海归们奋发图强、创业立业的精神寄托。海归精英们以奋斗的姿态把个人的梦想与国家和民族的梦想有机地融合在一起。随着改革开放的深入进行和市场经济的迅猛发展,海归已经成为我国经济社会结构中的一个非常重要的群体。作为创新创业的重要生力军,海归群体已经成为新时代新阶段全面建设小康社会的一支重要力量，他们的价值取向、行为作风对社会发展起着越来越重要的作用。国家统计年鉴的统计数据显示，近10年来，归国海外人才的数量逐年增加。《2017海外人才就业分析报告》中的数据显示，中国已经迎来了第三次海归大潮。海归们以高度的热情积极投身到创新创业的改革实践中，以其远见卓识和踏实肯干的实际行动挺起了民族的脊梁，胸怀家国天下，为中华民族的伟大复兴作出了巨大贡献。正如新加坡第一家食品集团董事局主席魏成辉在2017第三届海归中国梦年度盛典做主题演讲所说的，"凭借着大国之根，小国之爱，实现了我的海外华人中国梦"。在家国情怀的感召和激励下，越来越多的海归人才投身到祖国富强、民族复兴的逐梦队伍中，把个人的人生梦、事业梦和国家梦紧密结合起来，以强烈的责任感勇于担当，为国服务，报效祖国，为中国梦的实现无私地贡献着自己的一份光和热，树立起了一座精神的丰碑。

人民日报社张建星副社长在第三届海归中国梦年度盛典中指出，把个人梦想融入实践中国梦的广阔奋斗之中，能更好地发挥海归群体创新创业先驱的引领作用，更好地发挥海归群体在政府决策中的咨询作用，更好地发挥海归群体对外交往的桥梁纽带作用。

（人民论坛网2018年4月25日）

新时代呼唤企业家精神

"十三五"规划指出,要"激发企业家精神,依法保护企业家财产权和创新收益"。这是中共中央第一次把"企业家精神"正式写入党的文件,是在经济发展向"新常态"转变的关键期提出来的。在党的十九大报告关于"深化供给侧结构性改革"部分,习近平同志又再一次提出了要"激发和保护企业家精神"。

从古代的"童叟无欺"讲求诚信的经商之道,到现代社会的"爱岗敬业、遵纪守法、艰苦奋斗;创新发展、专注品质、追求卓越;履行责任、敢于担当、服务社会"。"企业家精神"经历了不同历史时期的时代变迁,经历了从无到有的文化积淀和观念转变。从经济学的角度来讲,企业家精神是重要的生产要素之一。企业家精神直接影响着经济市场乃至整个社会发展的活力。当前,世界经济结构正处于深度调整的关键期,中国经济发展步入新常态,创新驱动、责任担当成为国家发展的重要软实力,因此聚焦企业家精神更具时代价值与意义,也是新时代社会发展的必然呼唤。

供给侧结构性改革的深入进行需要企业家精神保驾护航

"供给侧结构性改革,重点是解放和发展社会生产力,用改革的办法推进结构调整，减少无效和低端供给，扩大有效和中高端供给，增强供给结构对需求变化的适应性和灵活性，提高全要素生产率。"改革开放40年来，"中国制造"使中国经济获得了极大发展。但如今，随着生产成本的不断抬升，消费者消费需求日益多样、消费水平不断提高，越来越需要企业家具有因时而变、主动求变的企业家精神。"变则通，通则久。"不断变革创新，就会充满活力；否则，就可能会变得僵化。供给侧结构性改革的深入进行需要企业家研发新产品、寻找新市场、创新生产方式、设计新的组织形式……这些崭新的尝试和探索都需要具有冒险精神、求变意识、创新思维及能力的企业家精神保驾护航才能落地生根。

营造风清气正的政商关系需要企业家精神的有力支撑

察势者智，驭势者赢。构建"亲""清"新型政商关系是社会主义社会发展的必然趋势和内在要求。谋划和推进经济建设，必须符合时代要求，顺应社会发展规律。这一方面需要我党一如既往地做好防腐反腐的各项工作，维护自身的纯洁性、先进性；另一方面也需要一批"遵纪守法、艰苦奋斗"的企业家锐意进取，积极主动捍卫自身合法权利，自觉维护国家法律法规，坚决抵制贿赂政府官员的违法行为，以自身的实际行动为构建"亲""清"新型政商关系营造良好的生态环境和舆论氛围。

（人民论坛网2018年4月25日）

乡村振兴要打好文化振兴这张牌

实施乡村振兴战略，是党的十九大作出的重大决策部署，是决胜全面建成小康社会、全面建设社会主义现代化国家的重大历史任务，是新时代"三农"工作的总抓手。最近出台的《中共中央国务院关于实施乡村振兴战略的意见》中特别强调，乡村振兴，乡风文明是保障。必须坚持物质文明和精神文明一起抓，提升农民精神风貌，培育文明乡风、良好家风、淳朴民风，不断提高乡村社会文明程度。作为一种精神价值和生活方式，文化在乡村振兴中具有不可替代的重要作用。

全面建成小康社会，是乡村振兴的主要目标，其核心与关键就在于"全面"二字。自党的十八大以来，中国特色社会主义现代化建设开启了整体性发展的新时代。乡村振兴是一个整体性目标要求，需要"五位一体"的全方位发展，任何一个方面发展滞后，都会影响甚至阻碍乡村全面建成小康社会目标的实现。作为乡村振兴的重要内容，文化振兴、文化小康意义重大。乡村文化振兴既是解决人民日益增长的美好生活需要和不平衡不充分的发展之间矛盾的必然选择，也是实现全体人民共同富裕的必然要求。乡村文化振兴，既能为乡村发展提供文化支撑，又能营造良好的文化环境满足广大乡村人民群众的精神文化需求，有效解决人民对美好生活的文化需要与不平衡不充分的文化发展之间的矛盾。农村是我国传统文明的发源地，乡土文化的根不能断，要为农民建设幸福家园和美丽乡村。我们不能让农村成为荒芜的农村、留守的农村、记忆中的故园。振兴乡村文化对乡村振兴战略有着积极的促进作用。可以说，没有乡村文化的高度自信与自觉，就不可能有乡村文化的繁荣与发展，乡村振兴的奋斗目标也就难以真正实现。这就需要坚定文化自信、增强文化自觉，下大力气着力补齐农村文化建设这块短板，不断提高广大农民群众的生活质量与文明品位。

乡村振兴需要高度的文化自信。越己者恒越，自信者更强。自党的十八大以来，习近平同志多次谈到文化自信，并深刻指出，"我们要坚持道路自信、理论自信、制度自信，最根本的还有一个文化自信"。"文化自信，是更基础、更广泛、更深厚的自信，是更基本、更深沉、更持久的力量。"文化自信就是指一个国家、一个民族、一个政党以及具体到每个个体对本土文化在价值与审美上的充分肯定与高度认同，在文化的持久力、生命力、感染力等方面持有坚定的信心，并能在实践中积极践行。在新鲜事物层出不穷、价值取向日益多元、生活方式日益多样的当今社会，对于生活简单、是非标准淳朴、老实本分的农民而言，只有对自身生于斯、长于斯的本土文化有坚定的信心，才能在瞬息万变的时代变迁中不迷失自我，少一份浮躁与盲从，多一份淡定与从容；少一份知难而退的逃避，多一份知难而进的坚强。在困难面前自立自重，鼓起奋发进取的信心与勇气，焕发创新创造的活力，实现"从站起来、富起来到强起来的历史性飞跃"。文化立世，文化兴邦。坚定文化自信，才能为乡村振兴提供更加有效的软实力、构筑更加积极健康的文化软环境，为乡村全面建设小康社会提供更基本更深沉更持久的力量。

乡村振兴需要高度的文化自觉。文以化人、文以载道。乡村文化振兴，除了要具备文化自信的底气，还需要文化自觉的积极践行。只有兼收并蓄、融会贯通，文化才能更加具有创新的活力和魅力，才能具有永续发展的勃勃生机。所谓文化自觉，简言之就是在充分的文化自信基础上对本土文化的自我反思、创新发展与主动传播。费孝通先生以"各美其美，美人之美，美美与共，天下大同"来阐述不同文化关系。对于广大农民群众而言，仅仅对自身所生活圈子的文化具有坚定的自信是远远不够的，还需要以不卑不亢的开放心态合理吸收、大胆借鉴城市文化、外来文化中的有益成分为己所用；此外，还需要把具有乡土特色与气息的乡村文化传播出去，让更多的人了解农村、了解农业、了解农民，为自身良好形象的树立，为在越来越开放的发展格局中展现民族自信、展示中国农民的独特魅力、讲好中国农民自己的故事贡献力量，为走近世界舞台中央点亮中华文化的这盏明灯。只有在文化的继承、弘扬、兼收并蓄的文化自觉中，农民才能真正享受文化惠民的福利成长为新型的现代化农民，农村才能借助文化的力量发展成为现代化的新农村，乡村振兴的宏图伟业才能走得更实、走得更远、走得更有品位、更有价值。

（人民论坛网 2018 年 4 月 23 日）

国之所在　梦之所属
——海归中国梦的家国情怀

有国才有家。"天下非一人之天下，乃天下人之天下也。"亘古至今，把国家的兴衰荣辱与生死存亡置于最高地位的家国情怀是深深刻入华夏儿女骨髓、浑然融入中华民族血脉的文化基因和真挚情感。将个人命运与国家命运紧密联系在一起的舍小家为大家的为国奉献精神自古以来都始终激励着世世代代的炎黄子孙救亡图强，为国之兴旺前仆后继。从《诗经》中"有人斯有群矣，有群斯有忧患矣"的忧患意识、家国胸襟，到周恩来总理"为中华之崛起而读书"的心怀家国的豪迈情感，祖祖辈辈的中华儿女以自身的奋斗史叩响了祖国从站起来、富起来到强起来的大门，书写了一首首爱国史诗，留下了一个个感人肺腑的爱国故事，以一步一个脚印的实际践行表达了报效祖国的赤子之心。

作为中华民族大家庭中的一员，家国情怀同样时刻感召着海归们不忘初心、牢记使命，投身于改革开放的洪流，弄潮其中，凝聚智慧与力量，披荆斩棘、锐意进取，只为看到国之兴旺发达、民族之伟大复兴的壮丽画卷，只为早日实现国富民强的强国之梦。海归群体作为中国特色社会主义现代化建设的一支重要支撑力量，在祖国繁荣富强的中国梦践行中继承了中华民族有国才有家、国之所在梦之所属的优良传统和文化传承，在40年的改革开放历程中，敢于创新，勇于探索，乐于奉献，为民族伟大复兴中国梦的早日实现书写了无愧于时代的精彩篇章。

"不论树的影子有多长，根永远扎在土里。"习近平总书记的比喻生动而又深情。落叶归根。国之所在，梦之所属。这几乎是深深植入每一位海归内心深处的爱国情怀、爱家情结，是每一位海归与国、与家之间的心灵契约。归去来兮，许多海归正是遵从了内心这份绿叶对根的眷恋与呼唤踏上归乡之路的。家与国之间从来都不是分开而独立存在的，更不可能是彼此对立的，而是彼此影响、相互扶持的。以林毅夫为代表的海归群体，把爱国之情、强国之志、报国之行有机地统一起来，以一个个感人事迹，向我们展示了他们把自我与国家、小我与大我像石榴籽那样紧紧连在一起的家国情怀。也正是这种胸怀天下的家国情怀，像磁场一样强烈地吸引着越来越多的海外人才回归祖国的怀抱，秉持崇高理想致力于中国特色社会主义事业的蓬勃发展之中，拥抱新时代新机遇，把"个人梦"融入"中国梦"的壮阔奋斗之中，在崭新的历史起点上大展宏图，为民族伟大复兴中国梦的实现奏响波澜壮阔的华彩乐章。

（人民论坛网 2018 年 4 月 27 日）

高质量发展需要大力弘扬企业家精神

党的十九大报告明确指出，我国经济已由高速增长阶段转向高质量发展阶段。推动高质量发展是一项艰巨而复杂的系统工程，在这项工程中，企业家是重要主体，企业家精神是基本要素。大力激发、保护和弘扬企业家精神，充分调动企业家推动经济高质量发展的积极性、主动性与创造性，让企业家充分释放聪明才干为经济发展贡献力量，是新时代新形势下实现高质量发展的必然要求。党的十九大报告中明确强调要"激发和保护企业家精神"。

企业家精神的核心内容与高质量发展的目标要求是内在统一的

2017年9月，《中共中央国务院关于营造企业家健康成长环境弘扬优秀企业家精神更好发挥企业家作用的意见》将企业家精神界定为"爱国敬业、遵纪守法、艰苦奋斗、创新发展、专注品质、追求卓越、履行责任、敢于担当、服务社会"。其中，"创新"是企业家的核心素养和精神特质，是企业家精神的核心内容与鲜活灵魂。具有魄力的企业家大都十分注重创新。创新意识、创新思维、创新能力、创新业绩是企业家在市场经济大潮中抢占市场先机，立于不败之地的核心竞争优势。用德鲁克的话来说，企业家就是这样一种人，他从来没有引起变化，但是他又从来把变化变为机会。创新是企业家精神的灵魂，革故鼎新的创新求变思想与追求是企业兴盛繁荣的不二法宝。成功的企业家往往都善于从社会发展进程中积极寻求、敏锐捕捉企业做大做强的创新点、增长点与突破点。

就经济发展而言，主要依靠资源等要素消耗促进经济增长和规模扩张的粗放型发展模式是没有后劲的，这种粗放型的发展模式已经越来越难以适应当今资源紧缺的经济发展形势。随着我国经济发展步入新常态，经济发展创新驱动的战略定位要求经济发展释放新动能，转变发展方式，加快从以要素驱动、投资规模驱动发展为主到以创新驱动发展为主的转变，这就更加依赖企业及企业家自主创新精神与能力的培育与弘扬。党的十九大报告明确指出，"创新是引领发展的第一动力，是建设现代化经济体系的战略支撑"。谋求经济高质量发展，实现由"跟跑者"到"并行者""领跑者"的转变，关键在于厚植创新引领发展的根基，把创新驱动、创新发展置于发展全局的核心位置。大众创业、万众创新经济发展新局面的开创，社会活力与创造力的充分激发，需要大力弘扬企业家的创新精神，而这正是企业家精神最为核心的内容，是企业家精神的灵魂。习近平总书记深刻指出，我们全面深化改革，就要激发市场蕴藏的活力。市场活力来自于人，特别是来自于企业家，来自于企业家精神。

企业家精神的大力弘扬是实现高质量发展新目标的基本途径

当前，在全世界范围内新一轮科技革命和产业变革已箭在弦上、蓄势待发，国内经济发展正处于转变过渡的关键期，能否在激烈的竞争中独占鳌头，能否在经济向高质量发展转变的转型压力中爬坡过坎、奋勇前进，直接考验着企业家的创新能力、责任坚守与担当意识。企业家精神是经济实现高质量发展的动力源泉。富有企业家精神的人，是专注品质、追求卓越的人。让用户更满意，使产品和服务更细致、更人性化，是具有企业家精神的企业家们的不懈追求。富有企业家精神的人，是敢于担当、服务社会的人，是具有奉献精神的人。虽然追求利润和积累个人财富是企业家的天性，但是富有企业家精神的企业领军人物都懂得为他人、为社会付出、奉献得越多，自我的个人梦才能够获得越广泛的社会认同与尊重，个人财富才能获得越高的合法地位。习近平强调，个体劳动者私营企业协会要发挥好桥梁纽带作用，当好政策法规的普及者、深化改革的推动者、能力素质的提升者、党的建设的组织者，为个体私营企业搭建发展平台、创造发展环境，切实做好各项工作。实现高质量的经济发展新目标，需要以个体劳动者私营企业协会为依托，培育企业家文化，大力弘扬企业家精神。

积极营造培育企业家精神的外部环境，推动经济高质量发展

实现经济的高质量发展离不开企业家精神的激发与保护。而大力弘扬企业家精神需要良好的外部环境做保障培育企业家精神萌发的沃土。这就需要：一、尊重和保护企业家的经营自主权，充分理解、尊重、爱护、支持企业家，有效发挥企业家在经济高质量发展中的促进作用；二、积极构建公平公开公正的健康竞争环境，有效促进企业家加大创新投入力度、提升管理创新水平；三、维护良好的市场秩序，营造风清气正的营商环境，为激发和弘扬企业家精神创造良好的外部空间；四、深度挖掘展现企业家精神的典型案例，充分发挥优秀企业家的榜样示范作用。

40年的改革培育了深厚的企业家精神，为企业家们施展聪明智慧，大有作为营造了健康的外部环境，使企业家们成为经济生产实践的积极践行者和引领者。新时代,在经济发展新常态的时代背景下,高质量的经济发展比以往更加呼唤企业家精神,广大企业家应积极响应时代呼唤,勇挑社会重担、有所作为,为我国经济又好又快发展注入新活力、贡献新力量。

(人民论坛网 2018 年 7 月 3 日)

激发和保护企业家精神

2017年10月18日,习近平同志在党的十九大报告中强调要"激发和保护企业家精神,鼓励更多社会主体投身创新创业"。激发和保护企业家精神是新时代党和国家提出的新的更高要求。企业家精神的激发与保护是新时代建设中国特色社会主义现代化强国的基本要求。

经济建设需要激发和保护企业家精神。实现经济向高质量发展成功转型的时代任务需要企业家精神保驾护航。创新、诚信、执着、追求卓越、乐于奉献等方面的精神品格是企业家精神的主要内容,企业家精神是确保企业生产出更多高质量产品与服务的基础保障。当前,国内经济能否在向高质量发展转变的转型压力中爬坡过坎、奋勇前进,直接考验着企业家的创新能力、责任坚守与担当意识。企业家精神是经济实现高质量发展的动力源泉。富有企业家精神的人,是专注品质、追求卓越的人。让用户更满意,使产品和服务更细致、更人性化,是具有企业家精神的企业家们的不懈追求。

政治建设需要激发和保护企业家精神。良好政治生态的形成需要健康的政商关系作保障。习近平总书记指出,要构建"亲""清"新型政商关系。政商关系是生产关系的一种,良好的政商关系是解放发展生产力的巨大推动力量之一,健康的政商关系有利于社会生产力的发展与释放,而扭曲变形的政商关系会严重阻碍生产力的解放与发展。"亲""清"新型政商关系的建立，除政府要加大全面从严治党的力度外，还需要企业家自身的严格自律和洁身自好。一方面，企业和企业家要在遵循原则的前提下勇于、敢于独立思考，安心做好自己的事，免于受权力的不必要干扰；另一方面，企业家还要带头依法依规诚信经营、规范经营，积极主动承担企业的社会责任，自觉抵制行贿等违法违规行为，把握好政商关系的尺度分寸，为建立干净、亲疏有度的政商关系，形成风清气正的政治生态积极贡献智慧和力量。

文化建设需要激发和保护企业家精神。经济发展总是与文化建设相伴而生。经济要发展，企业要做大做强，就离不开文化的力量。企业家精神既是一种经济现象，同时又是一种文化现象。文化自信与自觉、本土文化认同感的培养同样需要激发和保护企业家精神。企业家是企业文化的主要缔造者和引领者。企业家精神是反映企业文化的一面镜子。企业家作为企业发展的核心人物和领军人物，作为企业员工的管理者和思想引领者，其一言一行、一举一动总是会在润物无声的潜移默化中传递着具有一定倾向性的审美标准和价值观，这势必影响企业员工的文化价值取舍，从而进一步影响社会的其他领域和行业的文化价值观。

社会建设需要激发和保护企业家精神。习近平总书记深刻指出："我们全面深化改革，就要激发市场蕴藏的活力。市场活力来自于人，特别是来自于企业家，来自于企业家精神。"习近平总书记的这段话表明，在中国特色社会主义社会的建设中，需要一批具有活力的企业，需要众多优秀企业家，需要激发和保护企业家精神。具有企业家精神的企业家应该是有社会责任感的人。企业家是中国特色社会主义发展和建设的重要主体、"关键少数"和重要领军人物，企业的发展壮大需要开拓进取、勇于担当的企业家精神作为文化支撑，社会的发展进步需要乐于奉献、爱岗敬业的企业家精神作为精神滋养。社会主义不是喊出来的，是"撸起袖子加油干"出来的。中国改革开放40年来之所以创造出令世界瞩目的奇迹，关键就在于求真务实、真抓实干的社会风气。

企业家是行动者、奋斗者，是社会建设的重要践行者。作为企业的领头羊，艰苦奋斗的企业家精神鼓舞着、带动着企业员工和社会成员以奋斗的实干姿态为社会建设与发展贡献新的更大力量。

生态文明建设需要激发和保护企业家精神。企业家精神的弘扬要与时代发展的脉搏相吻合，要与新时代的新需要、新要求结合起来。中国特色社会主义进入新时代，我国社会主要矛盾已转化为人民日益增长的美好生活需要和不平衡不充分的发展之间的矛盾。企业家只有尊重经济和社会发展规律，将生产与市场需求，与人民群众的实际需求相结合，紧紧围绕如何解决现阶段社会主要矛盾开展生产经营活动，才能紧跟时代步伐，真正展现企业家精神的时代价值与意义。绿色、有机、环保，是人民对美好生活需要在生态环境方面的主要追求。要解决人民日益增长的美好生态环境需要与不平衡不充分的发展之间的矛盾，就需要企业家在产品开发、生产经营以及服务上能够积极主动顺应时代潮流、充分尊重民众意愿，注重个人收益、社会效益和生态效益彼此协调、相互统一。而具有责任意识、担当精神、乐于奉献等精神品格的企业家在生产经营中能够以大局意识从全局出发，能够树立可持续发展理念，以对子孙后代高度负责的态度注重生态环境的合理开发、利用与保护，能够以新的商业思维和新的商业文明推动生态文明这一新时代的到来。

企业家精神的激发与保护需要从外部环境与内部环境两个方面入手。就外部环境而言，企业家精神的激发与保护，需要营造良好的社会风气，需要党和国家政府制定相应的法律法规和规章制度予以保障。就内部环境而言，一方面，企业家需要不断加强自身学习，不断提高自身综合素养；另一方面，企业家要积极投身于生产生活实践，在实践探索中不断积累总结经验，为企业的创新发展、高质量发展积蓄力量。

（人民论坛网 2018 年 7 月 9 日）

企业家精神的关键在于创新

2017年9月,《中共中央国务院关于营造企业家健康成长环境弘扬优秀企业家精神更好发挥企业家作用的意见》(以下简称《意见》)出台,第一次以中央文件的形式明确企业家精神的地位与价值,提出了总体要求和主要任务。《意见》将企业家精神界定为"爱国敬业、遵纪守法、艰苦奋斗、创新发展、专注品质、追求卓越、履行责任、敢于担当、服务社会"。其中,"创新"是企业家的核心素养和精神特质,是企业家精神的本质内容和核心要素。

习近平总书记在党的十八届五中全会上提出"创新、协调、绿色、开放、共享"五大发展理念,其中,"创新"居于国家发展理念的首要位置。党的十九大报告明确指出,"创新是引领发展的第一动力,是建设现代化经济体系的战略支撑"。中国经济已经进入新常态。步入新常态的经济发展需要新技术、新思维、新探索。"创新"是推动民族进步和社会发展的不竭动力源泉。如若离开了"创新"这一核心要素,中华民族就难以实现从站起来、富起来到强起来的历史性跨越,中国的经济发展也难以实现由"跟跑者"到"并行者""领跑者"的转变。企业家自身要强大,企业要谋求长远发展,就要顺应时代潮流,讲创新,求创新,以踏实肯干的实际行动践行创新发展。

供给侧结构性改革是今后一段时期贯穿于整个经济工作的主线。"供给侧结构性改革，重点是解放和发展社会生产力，用改革的办法推进结构调整，减少无效和低端供给，扩大有效和中高端供给，增强供给结构对需求变化的适应性和灵活性，提高全要素生产率。"改革开放40年来，"中国制造"使中国经济获得了极大发展。但如今，随着生产成本的不断抬升，随着消费者消费需求的日益多样变化和消费水平的不断提高，越来越需要企业家具有因时而变、主动求变的企业家精神。"变则通，通则久。"不断变革创新，就会充满活力；否则，就可能会变得僵化。供给侧结构性改革的深入进行需要企业家研发新产品、寻找新市场、创新生产方式、设计新的组织形式……这些崭新的尝试和探索都需要具有求变意识，只有以创新思维及能力的企业家精神作为支撑才能落地生根。

法国经济学家萨伊在《政治经济学概论》一书中把企业家定义为"将资产从低产出投入到高产出"的一群人。要实现从"低产出"到"高产出"的跨越，就必须要有创新的思维与能力。在现实生活中，人们往往习惯于把企业家和冒险家联系在一起，甚至有人把两者等同起来。而实际上，这是不同的两个概念，企业家虽然大多具有冒险精神，但这种冒险往往不是孤注一掷听天由命的宿命论，而更多的是建立在理性思考和科学判断基础上的创新探索。人们对新思维、新事物总会有一个逐渐接受、慢慢认可的过程，这其中免不了新与旧的扬弃与矛盾纠葛。在人们对新鲜事物由感性认知向理性认知过渡转变的过程中，思维的惯性力量往往会对新生事物产生诸多质疑甚至是否定，由此，人们往往会认为企业家就是冒险家，企业家总与冒险二字有着不解的情缘。而实际上，这种冒险不是盲目下赌，而是企业家理性分析风险，并尽可能把风险降低到最小限度的创新探索与尝试。只不过由于判断是否准确、方法途径是否合理、生产出的产品与所提供的服务是否能满足消费大众的实际需求等诸多主客观因素，有的探索与尝试成功了，而有的却失败了。一般而言，有魄力的企业家大都十分注重创新。创新意识、创新思维、创新能力、创新业绩是企业家在市场经济大潮中抢占市场先机、立于不败之地的核心竞争优势。革故鼎新的创新求变思想与追求是企业兴盛繁荣的不二法宝。成功的企业家往往都善于从社会发展进程中积极寻求、敏锐捕捉企业做大做强的创新突破口。

（人民论坛网 2018 年 7 月 10 日）

充分发挥移情的文艺创作功能

所谓"移情",就是指创作者把自己的生命和情感外射或移注到创作对象中去,使本无生命和情感的外物仿佛具有人的灵性。即古人所说的"以我观物,则物皆着我之色彩"。移情的过程是创作者自由释放情感的过程,是把创作者的情感移注于外物之中使创作对象拟人化的过程。主客消融、物我两忘、物人合一、物我互赠是"移情"的典型特征。朱光潜认为,在移情过程中,我们常由物我两忘走到物我同一,由物我同一走到物我交往,于无意之中以我的情趣移注于物,以物的姿态移注于我。"感时花溅泪,恨别鸟惊心""颠狂柳絮随风舞,轻薄桃李逐水流""蜡烛有心还惜别,替人垂泪到天明",这些诗句所采用的就是移情手法。移情就是指"宇宙的人情化"。把没有情感的宇宙赋予丰富而鲜活的情感体验,"天若有情天亦老",就是作家赋予了天地万物以情。自然事物被赋予了有情的人类情感,所以花儿会哭、蜡烛会哭、柳枝会舞,于是就有了"登山则情满于山,观海则意溢于海"的天人合一意境。"移情"手法的运用是使文艺作品鲜活、立体、感人的关键所在。

文艺创作与人的七情六欲是密不可分的。文艺作品既是对现实生活艺术化的表达,同时也是文艺工作者主观情感的含蓄再现,折射了作者的审美取向、思想观念、情绪情感。任何文艺作品都多多少少渗透着作者的情感体验。

文艺作品的情感越浓、越炙热,越能打动读者,越能引起心灵的共鸣,就越富有艺术魅力和感染力。没有倾注作者真情实感的审美体验而仅仅拘泥于外在的艺术表现形式,这样的文艺作品是缺少灵魂的,是没有温度的,因此也是不会具有较高审美价值的,更不可能得到广大文艺爱好者的喜爱。真情实感是文艺作品富有持久生命力必需的土壤,没有真切个人情绪情感的文艺作品是静止的,是没有生命力的。可见,"移情"作为审美情感体验的一种方式,作为艺术创作的心理基础和艺术表现常用的手法与技巧,在艺术创作和艺术传达中具有非常重要的作用。

在文艺产业化的语境下,功利价值中的文艺经济价值凸显出来,这在一定程度上对文艺的审美价值有所冲击。怎样处理好经济效益、社会效益和文艺作品的审美价值,是文艺工作者在文艺产业化进程中必须思考的关键性问题。要处理好这一问题,就需要文艺工作者在创作中充分发挥"移情"的作用,在作品的创作中少一些浮躁,多一些沉稳。真正有感而发搞艺术创作,就需要文艺工作者的情感有所寄托,在精神上要有一种崇高的终极价值追求,要把在思想情感和文化审美上给予人民群众日益增长的美好生活的期望与满足作为文艺创作的出发点和落脚点,否则将难以创作出触及心灵的好作品。

(人民论坛网 2018 年 8 月 9 日)

以人民为中心是文艺事业的根本遵循

人民的需要是文艺存在的根本价值。文艺复兴运动的人本观念让人们逐渐清醒地认识到了"人"在文艺创作和文艺作品中的价值。文艺创作是通过对复杂人性、人情、人生和人格的探索以文艺作品的形式影响与改变人的主观世界,因而需要关注人,需要关注人的情绪与情感、关注人的价值与意义、关注人的理想与现实,以真实的故事、真挚的情感、真切的反思艺术化地表达人性、人情、人生,以达到启发人、感动人、激励人、温暖人的彰显与弘扬主旋律和正能量的目的。社会主义文艺,就是人民的文艺。文艺事业是党和人民的重要事业,文艺战线是党和人民的重要战线。广大文艺工作者要永葆人民情怀,要真诚服务群众,要始终坚持以人民为中心的创作导向,要以真心真爱真感真精神真命脉的真情实感搞创作,要以富有审美价值的优秀作品直抵灵魂深处,产生撼动人心的持久感人力量。

新时代的文艺创作要满足人民日益增长的美好生活需要,就必须始终坚持以人民为中心、为人民服务的创作导向。文艺作品来源于生活,是生活与艺术的完美融合,是典型生活的艺术化处理与再现。而人民是历史的创造者和推动者,是历史变迁中的真正英雄。文艺创作描述的对象是"人民",文艺创作的灵感源自"人民",文艺创作的服务对象还是"人民"。因而,文艺创作要真正以生活为素材,富有浓厚的生活气息就要以人民为中心,就要以具有审美价值的艺术手法反映人民的真实需求,体现人民的美好憧憬,把为人民服务作为艺术创作始终遵循的根本价值标准。

以人民为中心的价值取向是古今中外文艺创作的基本特征和优秀的文化历史传承。马克思主义文艺理论认为,文艺活动就是人的活动,文艺作品就是"人的本质力量对象化"的生动体现。"人"才是文艺创作的出发点和最终归宿。习近平总书记在主持召开文艺工作座谈会时强调,人民既是历史的创造者,也是历史的见证者,既是历史的"剧中人",也是历史的"剧作者"。满足人民群众日益增长的美好生活需要是新时代文艺创作必须始终坚守的价值取向。文艺作品是否具有审美价值,是否能够得到老百姓的认可与喜爱,是否能够被载入人类史册永葆生机与活力,最根本最关键的因素就在于是否能够表现人民的现实生活、是否能为人民抒写、是否能为人民抒情、是否能为人民抒怀。

探索不断满足人民的文化文艺需求是新时代的重要内容,也是文艺产业创新发展的必然要求。当前,大量从事文化文艺产品服务的企业将满足人民对文艺作品的需求,同时也将涌现出一大批优秀的探索者。

"会当凌绝顶,一览众山小。"登高才能望远。"欲穷千里目,更上一层楼""不畏浮云遮望眼,只缘身在最高层"。只有具有崇高的思想境界和价值追求,才能高瞻远瞩,才能目光远大,才能胸怀大局。无论是就文艺作品的创作而言,还是就文艺作品的传播与经营而论,以人民为中心、为人民服务的审美价值追求和经营理念始终都应该是文艺工作者们心中坚守的高地。文艺作品的魅力就在于服务人民群众,文艺作品的价值就在于反映和实现人民群众对美好生活的向往与追求。希望越来越多的文艺事业开拓者和守望者实现一个又一个的文艺惠民的奋斗目标,让新时代的老百姓真切感受到文艺惠民的红利,使人民群众早日过上物质小康与精神小康齐头并进的全面小康幸福美好生活。

(人民论坛网 2018 年 8 月 13 日)

"德艺双馨"是文艺工作者的基本职业素养

国无德不兴,人无德不立。文艺创作是一种启迪灵魂、净化思想、陶冶情操的精神活动,而作为文艺创作的核心,文艺工作者要将品位、格调、责任、境界放在文艺创作的首要地位,自觉抵制恶俗、低俗、庸俗和媚俗等不良之风。在我国文艺事业发展的历史上,"文艺作品的品位"与"人格品位"之间的和谐关系,历来都是我们评价文艺创作是否成功的重要标准;而强调文艺作品是文艺创作者个人思想情感和道德品行的外在表达也就成为我国文艺创作者的共识。唐代画家张璪就认为绘画要"外师造化,中得心源",他所说的"心源"也就是指画家的人格品质和道德修养。明代画家文徵明则明确提出"人品不高,用墨无法"。文艺作品的品位与文艺创作者的道德品行是彼此契合的,与文艺创作者的内心感受和精神世界是彼此联系的。实际上,文艺作品不仅仅是一种艺术作品,更是能够折射创作者内心世界的一扇窗口,是一种能够起到思想引领作用的文化资源。人是艺术之基,而德则是文艺创作的灵魂。"心正则笔正"是世人对书画艺术作品的"艺品"与"人品"关系的高度总结与概括。

当前,随着文艺市场化的快速发展,文艺工作遭受到前所未有的冲击,文艺与市场的不健康关系,文艺工作者"艺品"与"人品"的不对等地位,成为新时代中国文艺事业发展不得不面对与解决的问题。在这种情况下，广大文艺工作者只有练好内功具有深厚的专业涵养，同时又不忘修身养性注重内在品行的修为，立志于德艺双馨的思想定位与能力定位，才能更好抵制恶俗、低俗、庸俗和媚俗等不良之风的侵蚀，以高度的责任感和强烈的担当精神创作出弘扬主旋律、讴歌新时代、唱响美好未来的优秀作品；也只有这样，广大文艺工作者才能不辱使命有所作为有所造诣，才能担当得起"举精神旗帜、立精神支柱、建精神家园"的时代重任。

党的十八大以来，以习近平同志为核心的党中央高度重视我国文艺工作发展，并多次提出要求和期望，极大鼓舞了广大文艺工作者崇德尚艺、奋发有为的信心和勇气，也为文艺发展指明了前进的方向，注入了崭新动力。习近平总书记指出，文艺要塑造人心，创作者首先要塑造自己。养德和修艺是分不开的。德不优者不能怀远，才不大者不能博见。广大文艺工作者要把崇德尚艺作为一生的功课，把为人、做事、从艺统一起来，加强思想积累、知识储备、艺术训练，提高学养、涵养、修养，努力追求真才学、好德行、高品位，做到德艺双馨。要自觉抵制不分是非、颠倒黑白的错误倾向，自觉摒弃低俗、庸俗、媚俗的低级趣味，自觉反对拜金主义、享乐主义、极端个人主义的腐朽思想。文艺工作者是肩负历史使命与社会责任的群体，在文化修养、精神境界和知识储备上都应该有很高的追求，应该是有理想、有抱负、有高尚情操的人。

雨果曾经说过，一位作家和伟大作家的区别，就在于你把什么样的黑暗照亮给世界。文艺作品所产生的社会影响不仅仅来源于作品本身，还包括与之相关的各个方面，如创作者的思想言行等。要培养德艺双馨的职业道德素养，首先要立德修身，要做一个有信仰、有情怀、有担当的文艺工作者。文艺工作者作为人类灵魂的影响者和塑造者，内心必须光明正大，用真善美的真实情感去感染群众，传播正能量，弘扬主旋律，用正义的光芒和浩然正气驱赶假恶丑的黑暗阴霾。其次要服务人民。社会主义文艺是人民的文艺，必

思考的力量

须坚持以人民为中心的创作导向，在深入生活、扎根人民中进行无愧于时代的文艺创造。最后还要注重专业素质的培养与训练。专业知识、专业素养，是使艺术作品来源于生活而又高于生活的根本保证，也是艺术作品在灵魂塑造中发挥积极作用的关键因素。古语曰，"书者，文之极也"。说的就是作者只有具备深厚的文学修养才能做到"挥毫超拔"。这就要求文艺工作者既要具有大众普遍的审美趣味，又要拥有深厚的专业素养，也就是所说的雅俗共赏。

当然，培养德艺双馨的艺术工作者不仅需要上面说到的这些，还需要文艺主管部门的正确指导，需要文艺产业、企业的创新发展模式，需要多方合力。

总之，文艺事业的创新发展离不开越来越多的德艺双馨的艺术工作者的努力参与。当前，中国已进入波澜壮阔的新时代，民族复兴的伟大实践呼唤广大文艺工作者与人民同呼吸、与时代共命运；呼唤德艺双馨的文艺工作者，以良好的精神面貌创造出越来越多、越来越好的文艺作品。"凡作传世之文者，必先有可以传世之心"，广大文艺工作者要在思想道德修养上追求卓越，更应身体力行践行社会主义核心价值观，努力做到言为士则、行为世范，做到春风化雨、润物无声，也只有这样，文艺工作者才能创作生产出无愧于我们这个伟大民族、伟大时代的优秀作品。

（人民论坛网 2018 年 9 月 19 日）

文艺创作从高原走向高峰需要良好的机制做保障

习近平总书记强调，低俗不是通俗，欲望不代表希望，单纯感官娱乐不等于精神快乐，文艺不能当市场的奴隶，不要沾满了铜臭气等。那么，文艺的"三俗"现象该如何克服？怎样才能够改变有数量没质量、有"高原"没"高峰"的现象呢？笔者认为，拥有完善的机制保障是解决这一问题的一个重要因素。

艺术不是技术。艺术品应该是独创的，应该是融入个人感情的，应该是有温度的，应该是蕴含着创作者独到的个人见解和思想的，应该是能够体现出创作者个性特征的，而不应是千篇一律的盲从跟风和简单复制，更不应该沦为市场经济的奴隶和附庸，也不应为追求经济效益而把低俗、媚俗、恶俗以及庸俗当作标新立异、当作个性的标榜与张扬，不分美与丑，甚至以丑为荣。艺术最大的敌人就是复制。没有对生活的真切体悟，不倾注创作者的真情实感，艺术作品就难以真正深入人民的精神世界，就难以震撼灵魂，引起人民思想的共鸣。文艺工作者每每开始新的创作，都应该树立自我超越、自我革新的创作目标，都应要求自己力争比上一个作品做得更好，而不要过多地去考虑数量、销量、评奖等创作之外的因素，而是一心单纯搞创作，摒弃一切杂念，不受利益的诱惑以及不良风气的影响。只有这样，才能创作出更多无愧于时代的优秀作品。

要想扭转文艺领域在某种程度上存在的这种文艺创作与市场的不健康关系，提升原创作品的质量，尽量减少、杜绝抄袭现象和简单重复现象，把对文艺作品的创作从重数量轻质量逐渐向既重质量又重数量转变，需要多方发力、多措并举，标本兼治。其中，完善的体制机制保障是解决问题的关键环节。

文艺离不开市场，文艺的市场化发展是社会进步的必然趋势。然而，值得深入思考和进一步解决的是，文艺的市场化发展可能会导致有些艺术家无法沉下心来搞创作。虽然真正的艺术是不愁没有市场的，但毕竟，衣食等后顾之忧的妥善解决更利于艺术家安心、用心搞创作，否则，他们就很难沉下心来打磨作品、精益求精创作精品。艺术创作过程一般包括艺术体验、艺术构思和艺术传达三个阶段。艺术体验是一种灵性的苏醒。艺术创作者只有摆脱日常生活中的名利杂念，才能对审美对象做更加细致入微的观察和体验，才能激发艺术创作的灵感，达到"听之以心"的境界。艺术构思是把零散的艺术体验凝聚为体现审美评价的审美理想的过程，是从感性认识到理性认识的飞跃，需要心无旁骛反复推敲。而只有摆脱世俗名利杂念的干扰，创作者才能真正做到集中精力深入地进行艺术构思。艺术传达是创作过程的重要环节，创作者在此阶段将内心世界的所思、所想、所感投射到现实世界，转化为具有艺术审美价值的艺术品。只有本着对艺术信仰的纯粹与真诚，以心无杂念的状态融入作品的艺术创作过程中，创作者才能更加淋漓尽致地表现艺术内涵。可见，后顾之忧的妥善解决是使艺术创作者静下心来、精益求精搞创作的关键，而这一问题的解决离不开有关方面的支持，离不开良好的机制做保障。

在艺术家保护机制的建立与完善方面，政府和社会都进行了积极的有益探索，也积累了一些成功的宝贵经验。政府主要是负责给予宏观指导、政策的支持、协调多方力量等工作，而把更多的主动权交给社会，交给广大从事文艺工作的社会工作者和相关企事业单位,从而保证文艺惠民的相关活动更加贴近百姓实际,反映百姓心声和真实生活,满足百姓的实际艺术需求。

(人民论坛网 2018 年 10 月 10 日)

▎思考的力量

文艺惠民工作要做到"三贴近"

习近平总书记在文艺工作座谈会上指出,艺术可以放飞想象的翅膀,但一定要脚踩坚实的大地。文艺创作方法有一百条、一千条,但最根本、最关键、最牢靠的办法是扎根人民、扎根生活。这一重要论述,要求文艺工作必须要以群众的实际需求为出发点和落脚点,必须要做到"贴近生活、贴近基层、贴近群众"的"三贴近",此论述深刻揭示了文艺创作的内在规律,为繁荣我国文艺事业提供了根本遵循,指明了前进方向。要做到"三贴近",我们的文艺工作者就必须克服实际困难,在文艺创作中就必须追求精细化和多样化,要接地气,想群众之所想,反映群众的真实生活,关注群众的真正诉求,传递群众的真实声音。

充分尊重文化及文艺的地区性差异

贴近百姓实际,充分考虑不同地域间的文化差异,创作具有本土特色、符合当地文化审美的文艺作品,因地制宜满足不同地区民众的文艺消费需求。在文艺惠民工作中,人民群众渴望有好的文艺作品,但是我们创造出的文艺作品有时却难以满足群众要求而未能达到预期效果。出现这一问题的一个主要原因在于文艺工作者的文艺创作没能充分考虑到当地的文化特点，没能做到因地制宜，没能使文艺创作符合当地的文化心理。不同地区的文化心理需求是不一样的，所以要针对性地开展文艺惠民活动，考虑到地域文化和地域心理的差异性。要尊重老百姓的主体地位，把老百姓当作文艺惠民活动的主体，通过深入基层、深入群众、深入实际了解当地百姓的文艺消费需求及审美特点，进而有针对性地创造出受当地百姓欢迎的优秀文艺作品。

老百姓既是欣赏者又是参与者

从心理学的角度来讲，人们更愿意关注与自身相关度较高的人、事、物。以往文艺惠民活动基本上由文化部门和当地政府来组织开展，老百姓更多只是扮演一个欣赏者的角色。新时期群众文艺活动的开展应该花大力气挖掘、培养老百姓身边的文艺工作爱好者，把文艺活动的主动权还给群众，把话语权还给群众，把舞台还给群众，让广大群众做主角，注重与增强文艺创作者间以及文艺工作者和老百姓间的互动，这样更容易激起群众的心灵共鸣。在文艺惠民活动中，广大文艺工作者还要善于就地取材，要善于捕捉收集当地的典型人物和代表性事件，作为文艺创作的素材，以百姓身边的故事为题材传播正能量、弘扬主旋律。

形成多方联动的文艺惠民格局

在文艺惠民活动中，政府除应在文艺惠民活动中起到积极的引导和推动作用，为活动的开展提供政策支持和营造良好的外部环境与氛围之外，还应充分发挥桥梁与纽带作用，充分整合社会资源，形成合力，开展形式多样、丰富多彩的文艺活动，使广大百姓真正享受文艺发展的红利。

总之，各级政府和文化部门在活动中应当给予高度的支持和有效的帮扶，

思考的力量

采取丰富多彩、灵活多样的文艺惠民形式,保证文艺作品要有充实且贴近百姓实际的具体内容,同时也要和当地的文化积淀与文化传承有机结合起来,不断提高文艺作品的影响力和感染力,起到以文化人和以文育人的效果。

(人民论坛网 2018 年 10 月 18 日)

积极践行文艺的民本取向　大力推进文艺惠民事业

在文艺工作座谈会上，习近平同志强调，"社会主义文艺，从本质上讲，就是人民的文艺"，"以人民为中心，就是要把满足人民精神文化需求作为文艺和文艺工作的出发点和落脚点，把人民作为文艺表现的主体，把人民作为文艺审美的鉴赏家和评判者，把为人民服务作为文艺工作者的天职"。这些重要论述是对马克思主义经典作家文艺思想的继承与发展，为我国文艺工作的开展指明了前进方向，是新时期文艺工作的根本遵循。

积极培育百姓健康的文艺审美取向，兼顾两个属性，实现双效统一。"人民是文艺创作的源头活水，一旦离开人民，文艺就会变成无根的浮萍、无病的呻吟、无魂的躯壳。"文艺作品具有双重属性和双重功能，它既有满足大众消费需求的商品属性，也有满足人民群众日益增长的、多样化的精神文化需求的社会属性。在文艺事业发展中如何妥善处理文艺作品两个属性间的关系、如何正确处理两个效益间的关系，是广大文艺工作者必须面对的现实问题。对此，习近平同志明确指出："文艺不能在市场经济大潮中迷失方向，不能在为什么人的问题上发生偏差，否则文艺就没有生命力。"习近平同志还强调："一部好的作品，应该是把社会效益放在首位，同时也应该是社会效益和经济效益相统一的作品。文艺不能当市场的奴隶，不要沾满了铜臭气。优秀的文艺作品，最好是既能在思想上、艺术上取得成功，又能在市场上受到欢迎。"文艺具有审美意识形态属性，不能"为艺术而艺术"。

合理定位，把文艺作品的价格定位权交还给百姓。要实现习近平同志所说的"文艺不能在市场经济大潮中迷失方向"，就要搞清楚谁才是市场的主体问题。切实解决好这一问题，是文艺作品市场化进程中必须思考和面对的关键环节。习近平同志强调，社会主义文艺，从本质上讲，就是人民的文艺。文艺要反映好人民心声，就要坚持为人民服务、为社会主义服务这个根本方向。这是党对文艺战线提出的一项基本要求，也是决定我国文艺事业前途命运的关键。要把满足人民精神文化需求作为文艺和文艺工作的出发点和落脚点，把人民作为文艺表现的主体，把人民作为文艺审美的鉴赏家和评判者，把为人民服务作为文艺工作者的天职。

文艺是时代前进的号角，最能代表一个时代的风貌，最能引领一个时代的风气。实现"两个一百年"奋斗目标、实现中华民族伟大复兴的中国梦，文艺的作用不可替代，文艺工作者大有可为。

（人民论坛网 2018 年 11 月 8 日）

以人本情怀开启书画艺术的春天

追求经济效益、创造更多的利润是每个企业、每个企业家所追求的目标。在文艺事业市场化的进程中，创造利润、追求效益也理应是每个从事艺术工作的企事业单位和广大艺术工作者的努力方向和奋斗目标。然而，一个企业要做大做强，只是一味地强调经济效益、一心只想着追求经济利润这是远远不够的，还需要积极主动地承担相应的社会责任与义务，需要有胸怀他人与社会的宽广视野，只有这样才能开辟更广阔的道路，才能获得更多、更大的社会认同与认可，才能越走越远，越办越好，谋求可持续的高质量发展。

在文艺工作座谈会上，习近平总书记指出，"社会主义文艺，从本质上讲，就是人民的文艺"，"以人民为中心，就是要把满足人民精神文化需求作为文艺和文艺工作的出发点和落脚点，把人民作为文艺表现的主体，把人民作为文艺审美的鉴赏家和评判者，把为人民服务作为文艺工作者的天职"。人民是文艺工作的起点也是归宿。以民为本，为民服务，时时刻刻于点滴细节之中体现文艺工作者和文艺部门的人本情怀与关怀，是对马克思主义文艺思想的传承与弘扬，是对习近平总书记文艺思想的实际践行。以人为本，为人民服务，是我国文艺工作者和文艺部门的核心内容。要向习近平总书记所指出的那样,"把为人民服务作为文艺工作者的天职"。

（人民论坛网 2018 年 10 月 24 日）

弘扬书画艺术　讲好中国故事

　　国际贸易往来必然会伴随着文化艺术的交流与交融。早在古代欧亚两大洲的经济交流中，就已体现了文化艺术交流与交融的元素，比如瓷器上的文字图案就承载着、传递着中华民族的文化艺术风情。经济的交流总是同时伴随着文化艺术的交流与沟通。文化艺术与经济贸易之间总是相伴而生、相互促进、相互渗透、相互作用的。经济发展是文化艺术发展的基础，而文化艺术又反过来作用于经济的发展。2018年3月11日，第十三届全国人民代表大会第一次会议通过的宪法修正案，将宪法序言第12自然段中"发展同各国的外交关系和经济、文化的交流"修改为"发展同各国的外交关系和经济、文化交流，推动构建人类命运共同体"。人类命运共同体建设既是经济层面的，也是文化艺术层面的，是多层次、宽领域、全方位的人类合作。当前国际形势基本特点是世界多极化、经济全球化、文化多样化和社会信息化。习近平同志指出："当今世界，人类生活在不同文化、种族、肤色、宗教和不同社会制度所组成的世界里，各国人民形成了你中有我、我中有你的命运共同体。"文化艺术是不同肤色、不同信仰、不同地域的人与人之间相互交流沟通的桥梁与纽带。人类命运共同体的构建，需要在发展经济的同时，尊重和保护文化艺术的多样性，并积极推动多元文化艺术的交流与交融。文化艺术的发展是一个开放的体系，总是在不断的吸收借鉴中充满生机与活力。

2017年9月3日，习近平总书记在金砖国家领导人第九次会晤开幕式上的演讲中强调："我们正处在一个大发展大变革大调整的时代。虽然全球范围内冲突和贫困尚未根除，但和平与发展的时代潮流越发强劲。世界多极化、经济全球化、文化多样化、社会信息化深入发展，弱肉强食的丛林法则、你输我赢的零和游戏不再符合时代逻辑，和平、发展、合作、共赢成为各国人民共同呼声。"一直以来，习近平总书记都始终强调，在经济全球化的时代背景下，我们应该持有和而不同的合作理念，尊重与维护文化的多样性，在文化的互鉴共进中谋求合作共赢，从而真正实现利益共同体、行动共同体、命运共同体。在"一带一路"建设的历史进程中，中国正在身体力行，带动沿线国家共谋复兴丝路繁荣。在人类命运共同体的构建中，文艺理应起到文化艺术交流与沟通的桥梁与纽带作用，助力讲好中国故事，树立良好的中国形象。

（人民论坛网 2018 年 11 月 27 日）

筑梦者：与梦想和奋斗同行
——有感于习近平主席 2019 年新年贺词

"一个流动的中国，充满了繁荣发展的活力。我们都在努力奔跑，我们都是追梦人。"习近平主席在 2019 年新年贺词中这样深情回望过去一年我们中华民族极不平凡的筑梦、追梦、圆梦历程，热情礼赞每一位追梦者坚如磐石的信心、只争朝夕的劲头、坚韧不拔的毅力，满怀信心寄语亿万人民勇敢踏上新时代同心共筑中国梦的崭新征程。2018 年的充实与坚定，"是全国各族人民撸起袖子干出来的，是新时代奋斗者挥洒汗水拼出来的"。

"石可破也，而不可夺坚；丹可磨也，而不可夺赤。"坚守梦想、艰苦奋斗、自强不息，是支撑中华民族实现从站起来、富起来到强起来伟大飞跃的本质力量，是千百年来中华儿女世代相传的民族本色。心中有梦想，眼中才有希望，脚步才有方向，民族才有力量。无论是人类命运共同体的"世界梦"，还是国富民强的"中国梦"，抑或是追求幸福美好生活的"个人梦"，对梦想的坚守与追求是中华民族和中华儿女披荆斩棘、迎难而上、艰苦奋斗的动力源泉。"人类的心灵需要梦想甚于需要物质。"正是因为有了梦想，面对困难与挫折的考验，才有了那份坚持与隐忍；正是因为有了梦想，面对取与舍的纠葛，才有了那份兼济天下的家国情怀；正是因为有了梦想，面对利益纷争的矛盾冲突，才有了胸怀世界的中国智慧与中国方案。梦想是能保持思想纯洁的精神力量，是灵魂的皈依，是心灵的释放。"天下兴亡，匹夫有责。"民族伟大复兴的中国梦是国家梦，民族梦，也是我们每个中华民族热血儿女的梦。梦想是心中不灭的那盏明灯，是石破不可夺坚、丹磨不可夺赤的坚定信念。有了梦想的指引，才能在追求幸福美好生活和国富民强的道路上行稳致远；有了梦想的牵动，才能在人类命运共同体的历史进程中始终保持那份"各美其美、美人之美、美美与共、天下大同"的淡定、自若与从容。

"实现中华民族伟大复兴是一项光荣而艰巨的事业，需要一代又一代中国人共同为之努力。""志存高远、脚踏实地。"要"敢于有梦、勇于追梦、勤于圆梦"。这些经典表述是习近平主席在不同场合对我们每个中国人提出的关于追梦、圆梦的殷切期望。"事要去做才能成就事业，路要去走才能开辟通途。""实现伟大梦想需要各方面智慧和力量。我们应该全方位、多层次、多角度集思广益。"无论是人类命运共同体的"世界梦"，还是国富民强的"中国梦"，抑或是追求幸福美好生活的"个人梦"，要实现"梦想"由"应然"到"实然"的转变，要使梦想之光照进现实，需要广大人民群众不负新时代的光荣使命与风华，需要我们撸起袖子加油干、挥洒汗水拼命干的实际践行。在习近平主席的讲话中，我们不难发现，"实干"的使命担当是始终不变的主题。从"实干兴邦"，到"埋头苦干"，到"撸起袖子加油干"，再到2019年新年贺词里的"我们还要一起拼搏，一起奋斗"，"坚决干""抓紧干""同心干"是习近平主席一直以来对我们的勉励和期望。美好明天需要我们用实干、苦干、加油干的主人翁责任感去积极践行。习近平在宁夏考察时强调："社会主义是干出来的，就是靠着我们工人阶级的拼搏精神，埋头苦干、真抓实干，我们才能够实现一个又一个的伟大目标，取得一个又一个的丰硕成果。"习近平在党的十九大报告中指出："行百里者半九十。中华民族伟大复兴，绝不是轻轻松松、敲锣打鼓就能实现的。全党必须准备付出更为艰巨、更为艰苦的努力。"实干是一种不畏艰险、奋发图强的斗争精神，是一种锐意进取、勇往直前的开拓精神，是一种忧国忧民、乐于付出的奉献精神。面对新形势，只有实干，才能把握新机遇；面对新问题，只有实干，才能开拓新道路；面对新任务，只有实干，才能更好诠释新使命；面对新时代，只有实干，才能开创新局面。幸福不会从天而降，实干才能梦想成真。只有持之以恒、久久为功，以时不我待、只争朝夕的实干、苦干、埋头干的奋斗姿态，才能在新时代的长征路上行稳致远，抵达梦想的彼岸。

新的一年，新的起点。在新时代的崭新道路上，要激荡"世界梦"、托起"中国梦"、实现"个人梦"，需要我们不忘初心，砥砺前行，需要我们吹响奋进的号角，以梦为马，莫负韶华，以"绳锯木断、水滴石穿"的韧劲，以"长风破浪会有时，直挂云帆济沧海"的干劲，把握今天、迎接明天、勾画灿烂美好的未来。

（人民论坛网 2019 年 1 月 7 日）

人民是我们执政的最大底气
——有感于习近平主席2019年新年贺词

"人民是共和国的坚实根基,人民是我们执政的最大底气。"判断一个政党的性质,最主要的是看它代表谁的利益,为谁服务。"始终要把人民放在心中最高的位置","坚持以人民为中心的发展思想",中国共产党始终代表中国最广大人民的根本利益。"人民是历史的创造者,人民是真正的英雄",最广大人民群众始终是共产党执政的坚强后盾。

让人民过上幸福生活始终是中国共产党一以贯之的不懈追求

我们党在不同历史时期,总是根据人民意愿和事业发展需要,提出富有感召力的奋斗目标,团结带领人民为之奋斗。"牢牢把握我国发展的阶段性特征,牢牢把握人民群众对美好生活的向往。"带领人民群众过上幸福美好的生活,是我们党始终不渝的奋斗方向,是我们党孜孜以求的价值取向。自党的十八大以来,以习近平同志为核心的党中央始终积极践行以人民为中心的执政理念,就保障和改善民生作出一系列重要论述和重大举措。

关于中国特色社会主义的制度建设,我党始终强调"坚持把党的领导、人民当家作主、依法治国有机结合起来";关于实现中华民族伟大复兴的中国梦,我党始终强调"中国梦归根到底是人民的梦","生活在我们伟大祖国和伟大时代的中国人民,共同享有人生出彩的机会,共同享有梦想成真的机会,共同享有同祖国和时代一起成长与进步的机会";关于全面建成小康社会,我党始终强调要使全面建成小康社会得到人民认可,强调"小康不小康,关键看老乡""所有人群全部实现全面小康""一个都不能少,一个都不能掉队";关于改革开放,我党始终强调要基于对人民群众期盼和需要的深刻体悟作出实行改革开放的历史性决策,强调要"着力提升人民群众获得感、幸福感、安全感";关于法治建设,我党始终强调人民当家作主的制度保障和法治保障,强调要"努力让人民群众在每一个司法案件中都能感受到公平正义";关于全面从严治党,我党始终强调"关键问题是保持党同人民群众的血肉联系";关于社会建设,我党始终强调同人民群众期待相契合,立志扎根人民。在经济建设上,党的十八届五中全会鲜明提出要坚持以人民为中心的发展思想,把增进人民福祉、促进人的全面发展、朝着共同富裕方向稳步前进作为经济发展的出发点和落脚点。在文化建设上,我党始终强调情真意切的人民性,始终坚持文化建设为人民群众服务的方向,强调"必须坚持以人民为中心的创作导向"……

自党的十八大以来,人民群众的获得感、幸福感、安全感、归属感不断增强。在庆祝改革开放40周年大会上,习近平总书记这样总结我党在增进民生福祉方面取得的可喜成就:"粮票、布票、肉票、鱼票、油票、豆腐票、副食本、工业券等百姓生活曾经离不开的票证已经进入了历史博物馆,忍饥挨饿、缺吃少穿、生活困顿这些几千年来困扰我国人民的问题总体上一去不复返了!"一系列关乎国计民生的重要思想和重大举措,不仅带来了党的建设的创新发展,同时也揭示与回应了广大人民群众向往幸福美好生活的期望与需求。这五年来,以习近平同志为核心的党中央紧扣民心这个最大的政治,带领着广大人民群众以可感、可触的思想指引和实际行动诠释了为人民服务

"没有终点站,只有连续不断的新起点"的执政理念,彰显了"让老百姓过上好日子是我们一切工作的出发点和落脚点"的民本价值取向,始终把赢得民心民意、汇集民智民力作为重要着力点,同人民想在一起、干在一起,始终保持党同人民群众的血肉联系。

人民始终是中国共产党永葆生机的动力源泉

近百年来,我们党之所以能够带领人民取得革命、建设、改革一个又一个伟大胜利,始终保持生机与活力,除有科学的理论指导,坚定的理想信念之外,一个主要原因就是为人民服务的阶级立场和价值取向。培养、选拔、任免、评价党的干部的一个主要标准就是看人民是否需要、人民是否满意、是否能够全心全意为人民服务。中国共产党是中国工人阶级的先锋队,同时也是中国人民和中华民族的先锋队,是中国特色社会主义事业的领导核心。它以先进阶级作为阶级基础,它以广大人民作为群众基础。全心全意为人民服务的根本宗旨决定了中国共产党具有宽广无私的博大胸怀,除了国家、民族和人民的利益,没有任何自己的特殊利益。因此,具有彻底的革命精神,勇于自我革命、自我修正与自我发展。一切以维护国家、民族和人民的利益为准绳,敢于直面问题,坚持对的,改正错的,勇于坚持真理,从不讳疾忌医,积极进行批评与自我批评,随时修正错误,具有极强的自我修复能力。没有私利,一切以人民的利益为出发点和落脚点,是中国共产党勇于自我革命的根本原因。习近平同志指出,不谋私利才能谋根本、谋大利,才能从党的性质和根本宗旨出发,从人民根本利益出发,检视自己;才能不掩饰缺点、不回避问题、不文过饰非,有缺点克服缺点,有问题解决问题,有错误承认并纠正错误。自党的十八大以来,以习近平同志为核心的党中央坚定不移全面从严管党治党,一直强调全面从严治党永远在路上,严厉整治党内不正之风,着力解决人民群众反映最强烈、对党的执政基础威胁最大的突出问题,严肃党内纪律，净化党内政治生态。

以民为本的目标追求和价值取向是党的革命本色，是党勇于自我革新的根本原因和内在逻辑，是党永葆生机与活力的不竭动力源泉。习近平同志在十八届中共中央政治局常委会同中外记者见面时强调，"我们的党是全心全意为人民服务的政党"，"人民对美好生活的向往，就是我们的奋斗目标"。正是这种对以民为本执政理念的坚守，赋予了我党一次次自我革新的动力和魄力，不断自我净化、不断自我完善，使我党始终保持旺盛的生命力。

人民始终是中国共产党伟大事业的支撑力量

人民是历史的创造者，人民是真正的英雄。党的建设必须凝聚人民群众的力量。实现中华民族伟大复兴的中国梦，要靠各行各业人们的辛勤劳动。40年来取得的成就不是从天上掉下来的，更不是别人恩赐施舍的，而是全党全国各族人民用勤劳、智慧、勇气干出来的！让人民当家作主，更好保护人民的主人翁地位，大力激发人民群众的主观能动性，是实现中华民族从站起来，到富起来，再到强起来伟大飞跃的一个主要原因。人民是中国特色社会主义现代化建设的主力军。习近平同志在第十三届全国人民代表大会第一次会议上指出："中国人民自古就明白，世界上没有坐享其成的好事，要幸福就要奋斗。今天，中国人民拥有的一切，凝聚着中国人的聪明才智，浸透着中国人的辛勤汗水，蕴含着中国人的巨大牺牲。我相信，只要13亿多中国人民始终发扬这种伟大奋斗精神，我们就一定能够达到创造人民更加美好生活的宏伟目标！""天行健，君子以自强不息。"人民群众凝聚起来的磅礴伟力是同心共筑中国梦的核心力量。今天，中国取得的令世人瞩目的发展成就，是全国各族人民同心同德、同心同向努力的结果。

（人民论坛网 2019 年 1 月 11 日）

积极促进优秀传统文化的现代转化

习近平总书记强调:"要加强对中华优秀传统文化的挖掘和阐发,使中华民族最基本的文化基因与当代文化相适应、与现代社会相协调,把跨越时空、超越国界、富有永恒魅力、具有当代价值的文化精神弘扬起来。"

深刻把握我国优秀传统文化的精神实质,深入挖掘传统文化的精神内涵,将优秀传统文化转化为实现中华民族伟大复兴"中国梦"、构建人类命运共同体"世界梦"的巨大精神力量,促进其现代化转化与发展,是当前和今后我国文化现代化建设的必然举措。自党的十八大以来,以习近平同志为核心的党中央充分肯定、高度重视优秀传统文化在治国理政中所处的重要地位以及所发挥的重要作用,始终将传承中华文脉,弘扬中华文化基因作为实现中华民族伟大复兴"中国梦"的重要文化支撑和智力支持。新时代,推进优秀传统文化现代化转化与发展意义重大、影响深远。

增强文化自信需要积极促进优秀传统文化的现代转化。习近平总书记强调:"文化自信,是更基础、更广泛、更深厚的自信。"有了"文化自信"才能做到"文化自强",才能在多元文化的冲击下坚定立场,把握方向。"文化自信"的关键在于不忘根本,同时又能以开放包容的心态吸收外来文化,着眼未来发展。文化自信不是故步自封、孤芳自赏的民族排外主义,也不是唯我独尊、恃强凌弱的霸权主义，而是在坚守本民族优秀文化的同时，本着和而不同、求同存异的原则正确对待外来文化，既不是全盘接受，也不是全盘否定，而是理性地扬弃。在多元文化相互激荡的当今世界，只有守住根本，不忘根本，不迷失自我，才能开辟未来；只有善于继承，积极传承，才能开拓创新。大力弘扬优秀传统文化，深入挖掘其现代价值并使其鲜活化，才能在不同文化的对比与互动交流中既固守民族本色，同时又获得文化选择的能力和文化独立的地位，从而使文化在兼收并蓄中获得崭新的生命力。

培育中国精神需要积极促进优秀传统文化的现代转化。中华优秀传统文化是我国重要的历史文化宝藏。习近平总书记强调中华优秀传统文化是中华民族的精神命脉。忠于信仰、勤于实践、敬畏历史，是中国精神的力量源泉和本质所在。中华优秀传统文化积淀着中华民族最深沉的精神追求，是中国精神的根与魂。中国精神的弘扬必须在坚持中国道路的前提下，扎根于中华民族历久弥新的精神世界，继承我国长期以来形成的向上向善、追求和平、崇尚和谐的优良文化传统，深入挖掘优秀传统文化的现代价值并使其鲜活化。

凝聚中国力量需要积极促进优秀传统文化的现代转化。新时代，中国特色社会主义现代化建设进入关键时期，中华优秀传统文化所蕴含的智慧与精神力量，将进一步为中国特色社会主义现代化建设提供精神支撑和智力支持。同时，中华优秀传统文化也是海内外中华儿女共同的根，是联系海内外同胞的桥梁与纽带。翻开中华民族发展的史册，我们会发现中华民族的优秀传统文化一直以来都发挥着凝聚民族向心力的巨大作用。实现中国梦，必须走中国道路、弘扬中国精神、凝聚中国力量。而中华民族的优秀传统文化就是凝聚中国力量的思想核心。以四大发明为代表的中华古代灿烂文化曾为世界文明的发展贡献了具有本民族特色的文化力量，而今，中华民族的优秀传统文化依旧散发着独特的魅力，在实现中华民族伟大复兴中国梦的历史进程中起着凝心聚力的作用。

一个时代有一个时代的特点，文化同样具有鲜明的时代性，文化的存在形态具有鲜明的时代特征，文化的创新发展具有鲜明的时代导向，文化的内涵具有鲜明的时代气息，因此，要充分发挥中华民族优秀传统文化在治国理政中的重要作用，就必须从新时代的具体实际出发，深入探究其精神实质和精神内涵，谋求现代化的转换与发展。中华优秀传统文化的现代化转型发展与传播离不开理论的探讨和实际的践行，需要与我们的生产生活实际结合起来才更有意义和价值。

（人民论坛网 2019 年 1 月 30 日）

深挖优秀传统文化资源　讲好中国故事

2018年8月21日至22日，习近平总书记在全国宣传思想工作会议上发表重要讲话，强调"要推进国际传播能力建设，讲好中国故事、传播好中国声音，向世界展现真实、立体、全面的中国，提高国家文化软实力和中华文化影响力"。文化是一个国家、一个民族的灵魂。文化兴，则国运兴。当今世界，文化软实力是国与国之间综合国力竞争的关键要素。作为一种精神力量，文化直接关系到一个国家的国际影响力和国际地位。讲好中国故事、传播好中国声音，需要文化支撑和智力支持。优秀传统文化是我国丰富的文化资源，汇集了我们中华民族的优良传统、风俗习惯和精神实质，理应在良好中国形象的树立中发挥重要作用、扮演重要角色。

人无德不立，国无德不兴。德行是我们每个人安身立命的根本，它影响着我们价值审美的取向，指引着我们人生选择的方向，决定着我们为人处世的态度与风格。我国的道德传统要求我们首先懂得家庭美德，并在此基础上延展开来进而形成社会道德，最终构建起自己的道德体系。人类道德的发展是一个曲折上升的历史过程，总是在继承中不断发展。我国传统道德文化强调"立身做人"，尤其是儒家的"仁义礼智信"塑造了中华民族独有的精神品格，虽然存在着保守、落后的成分，但其中所包含的文明、进步的优秀内容对当今中国人道德品格的培养仍具有积极的借鉴意义。

传承好优秀传统文化，是一个民族兴旺发达、独立自主的根本，同时也是一个民族走向世界、把握未来的根本。习近平总书记强调："文化自信，是更基础、更广泛、更深厚的自信，是更基本、更深沉、更持久的力量。坚定文化自信，是事关国运兴衰、事关文化安全、事关民族精神独立性的大问题。"深厚的文化自信，一个主要方面就来源于对优秀传统文化的继承与弘扬，来源于优秀传统文化的现代化转型。传承好优秀传统文化，才能在多元文化的激荡中始终坚持自己的文化底色和本色，涵养做中国人的骨气和底气。

深入挖掘优秀传统文化资源，讲好中国故事，既需要理论指导，同时也需要在实践中不断总结经验、探索有效的实现路径。作为中央思想理论传播的主流媒体，人民论坛杂志社人民论坛网一直以来都非常注重深入挖掘传统文化资源的理论价值，通过网络专题、专家观点、人物访谈、课题研究、论坛会议等多种方式和途径，与高校教师、权威研究部门的专家学者、企事业单位的典型代表形成了集产、学、研于一体的全媒体传播格局，对挖掘优秀传统文化资源、讲好中国故事做出了有益探索，对弘扬正能量、传播主旋律贡献了积极力量。同时，也希望广大读者积极参与，多提宝贵意见，大胆提出自己的观点和见解，为人民论坛杂志社人民论坛网挖掘优秀传统文化资源，为讲好中国故事向纵深发展积蓄力量。

（人民论坛网 2019 年 1 月 30 日）

弘扬优秀传统文化　增强文化向心力

文化是人类智慧的结晶，是一个国家、一个民族的灵魂。"文以载道，文以化人。"文化的力量，深深熔铸在民族的生命力、创造力和凝聚力之中。人类社会的每一次历史变迁与历史飞跃无不与文化休戚相关。文化是一种埋于内心深处的精神力量，没有优秀文化的传承与发展，没有先进文化的弘扬与繁荣，就不可能真正满足人民日益增长的美好生活需要，也不可能真正实现中华民族伟大复兴的中国梦。

文化的发展具有连续性，一定的文化总是在已有文化积淀的基础上发展形成的。优秀的传统文化，是我们发展现代文化必须继承的宝贵资源。马克思曾经指出："人们自己创造自己的历史，但是他们并不是随心所欲地创造，并不是在他们自己选定的条件下创造，而是在直接碰到的、既定的、从过去承继下来的条件下创造。"任何一个国家、任何一个民族的文化发展，无不深深地镌刻着历史文化的发展印记，无不是以历史文化为根基发展起来的。因此，只有大力弘扬优秀传统文化，才能保证文化发展的连续性，也才能顺应文化发展的时代要求，从而在多元文化的冲击中，仍能固守根本，具有强烈的文化归属感和自豪感，不迷失自我、不迷失方向。

习近平总书记在纪念孔子诞辰2565周年学术研讨的开幕式上强调："只

有坚持从历史走向未来，从延续民族文化血脉中开拓前进，我们才能做好今天的事业。推进人类各种文明交流交融、互学互鉴，是让世界变得更加美丽、各国人民生活得更加美好的必由之路。"随着经济全球化的进一步发展，一个民族、一个国家的向心力、整体性和统一性显得尤为重要。而文化向心力是影响民族吸引力和凝聚力的一个关键因素。我们中华民族的文化是各民族人民经过长期交流互动、彼此影响而逐渐形成的文化综合体，是一个既具有共同的价值追求同时又各具特色的文化有机体。对于中华民族这样一个由多维文化相互渗透、融合与彼此激荡、碰撞而形成的多民族国家而言，文化向心力必然会成为一股强大的力量和巨大的精神支撑，使全体社会成员向着共同的价值目标齐心协力、团结奋斗，从而使这个文化有机体的各个部分都能够各司其职、彼此协调、正常运转，以实现健康、和谐、稳定、可持续的良性发展。

只有继承与弘扬中华优秀传统文化，坚定文化自信，增强文化自觉，增强文化软实力和向心力，建设社会主义文化强国，才能讲好中国故事，树立好中国形象，传播好中国声音。习近平总书记指出："在漫长的历史进程中，中国人民依靠自己的勤劳、勇敢、智慧，开创了各民族和睦共处的美好家园，培育了历久弥新的优秀文化"，"中华民族创造了源远流长的中华文化，也一定能够创造出中华文化新的辉煌"。

文化的力量是一种精神力量，优秀传统文化的弘扬，文化向心力的发挥，需要借助一定的载体，要么借助于一定的思想观念或是精神理念，要么依附于一定的物质产品或是精神产品，只有通过这些精神的或是物质的载体，文化向心力才能真正发挥凝心聚力的作用。作为思想传播的第一理论门户网站，人民论坛网着力引领社会思潮，充分发挥自身拥有强大知名专家队伍的文化优势，通过多种途径整合社会资源，关注社会热点、焦点问题，致力于打造具有思想的文化产品。近年来，人民论坛网通过推进刊网融合、刊网一体，努力探索优秀传统文化通俗化大众化传播的有效途径，开展理论吧、专题调研、理论研讨等形式多样的主题活动，为优秀传统文化的深入挖掘与传播搭建了思想交流沟通的平台，为巩固和壮大网络主流思想舆论，充分发挥文化向心力的聚合作用贡献了积极力量。

　　文化在兼收并蓄中不断吸取营养才能永葆生机和活力。文化力量的发挥，离不开广大人民群众的积极参与和多方互动，离不开人民群众的现实生活和实际感受，人民论坛网期望更多的群众参与到文化建设队伍中来，在人民论坛网上表达自己的想法，发出自己的心声，为我们的文化发展贡献智慧，为我们的文化建设写下自己的精彩瞬间。

（人民论坛网 2019 年 2 月 14 日）

弘扬优秀传统文化　增强文化自觉

人类文化的多样性造就了人类文明的异彩纷呈与灿烂辉煌。"各美其美、美人之美、美美与共、天下大同",是费孝通先生对处理不同文化关系的概括。费孝通先生以宽广恢宏的胸襟与气魄,阐明了在世界多元文化的交流与沟通过程中,文化发展应秉持的态度与恪守的原则。当今社会,文化多样化发展态势进一步彰显。面对这一文化发展态势,既要在文化的多元交流与竞争中彰显中华文化自身的独特魅力,又要在海纳百川的吸收与借鉴中求同存异谋求共同发展,离不开文化自觉的软实力支撑,而文化自觉不能没有根,必须建立在对"根"的传承与弘扬基础之上。因此,广大人民群众文化自觉的不断提升需要从中华优秀传统文化中不断汲取精华、挖掘力量。

"文化自觉"这一概念是费孝通先生于1997年首次提出的,指明了经济全球化背景下文化的发展路径。"文化自觉"一般应包含三个层面的含义,第一层是指生活在一定历史时期的人对其所处社会的本土文化的精髓、地位、作用、意义、发展规律、演变历程以及未来走向等方面有自知之明;第二层是指对外来文化的反思与理性扬弃;第三层是指对文化发展积极推动的历史担当与主动作为。简言之,文化自觉就是指中华儿女对中华文化生命力、价值与意义的高度认同与坚定信念,以及为文化发展积极贡献力量的历史责任感和实际践行。费孝通先生认为，文化自觉是一个艰巨的过程，只有在认识自己的文化，理解并接触多种文化的基础上，才有条件在这个正在形成的多元文化的世界里确立自己的位置，然后经过自主的适应，和其他文化一起取长补短，共同建立一个有共同认可的基本秩序和一套多种文化都能和平共处、各抒所长、联手发展的共处原则。

习近平总书记在庆祝中国共产党成立95周年大会上的讲话中指出："在5000多年文明发展中孕育的中华优秀传统文化，在党和人民伟大斗争中孕育的革命文化和社会主义先进文化，积淀着中华民族最深层的精神追求，代表着中华民族独特的精神标识。"中华优秀传统文化、革命文化、社会主义先进文化，这三种文化形态是按照由"古"而"今"的历史逻辑来划分的，是一脉相承彼此相通的，它们共同组成了中华文化体系，是中华文化的基本组成部分，也是新时代文化自觉的源泉、内容和根基，对中华文化体系所包含的这三方面内容的深刻认识、理性把握、坚定信念、积极践行，就是新时代文化自觉的基本内涵。习近平总书记在党的十九大报告中指出："中国特色社会主义文化，源自于中华民族五千多年文明历史所孕育的中华优秀传统文化，熔铸于党领导人民在革命、建设、改革中创造的革命文化和社会主义先进文化，植根于中国特色社会主义伟大实践。"可见，在这三种文化形态中，中华优秀传统文化是革命文化、中国特色社会主义先进文化的重要来源，是整个中华文化体系的根与魂，发挥着基础性的作用。因此，提升文化自觉的根本和基础在于大力弘扬中华优秀传统文化。文化自觉是建立在对自身文化的发展历程充分认识基础之上的。大力弘扬中华优秀传统文化，使中华儿女了解其演变历程，充分认识其在历史进程中所发挥的重要作用和所处的核心地位，从而深化对本民族文化根基和精髓的理性认同、思想认同和情感认同，是提升整个中华民族文化自觉的坚实基础。

文化兴国运兴，文化强民族强。文化是促进社会发展进步的内生动力、精神源泉和智力支持，是中华民族伟大复兴的本质力量。"立时代之潮头、通古今之变化、发思想之先声",是习近平总书记对中国哲学社会科学工作者提出的殷切期望,也是实现中华优秀传统文化创造性转化、创新性发展,培养与提升民族文化自觉应遵循的指导思想。回望历史,我们有灿烂辉煌的古老文明;立足当下,丰富而立体的中华文化充满生机与活力;展望未来,文化自觉与自信将始终使中华文化散发着独特的东方魅力!文化自觉是实践的产物,需要社会群体的主动参与和积极互动,需要相互的文化交流与沟通,需要在不断的继承与弘扬、吸收与借鉴中彰显力量。文化的自觉自醒,需要我们中华儿女不忘根本,自强自立,不断以自觉的意识和积极的实际行动做好新时代文化交流与发展的践行者。

（人民论坛网 2019 年 3 月 12 日）

领悟人生真谛　且行且珍惜
——埃塞俄比亚空难随想

埃塞俄比亚空难让我们在为逝者默哀祈祷的同时，也不禁发自内心地感慨"世事无常，且行且珍惜"！于是很自然地又会想起"我是谁""我到底为什么而活着""我该怎么活"等一系列我们从孩童懵懵懂懂时就开始思考的人生问题。这些问题看似简单，但或许直到我们有一天离开人世时也不见得能够找到真正准确的答案，也不见得能够真正懂得人生的真谛到底是什么！

我是谁？——我只是茫茫宇宙里的一粒尘埃

"人生一世，草木一秋。"短短的人生百年，我们总是在四季轮回，生命交替中不断地成长，同时也慢慢地老去。对"我是谁"这一问题的回答，从不同的角度，就会有不同的答案。在父母眼里，我们是永远也"长不大"的孩子；在伴侣眼里，我们是可以毫无掩饰地展现自己天真与脆弱一面的知心伙伴，是彼此可以相互取暖相偎相依不离不弃的另一个自己；在领导和同事眼里，我们是那个可以披星戴月玩命工作又不知疲倦的拼命三郎……在社会生活中，我们扮演着太多太多的角色。在家里，我们是儿女、是父母，在外面，我们是领导、是职员。我们可能是教师，也可能是媒体人，抑或是IT工作者等。我们每个人在人生旅途的不同时期、不同阶段，总会扮演着不同的社会角色，当然同时也都承担着不同的责任与使命。

"我是谁"？对这一问题的回答并不是一个简单的名字标签或符号，一个社会生活中的身份或地位，以及所拥有的财富或知名度等就能简单诠释的，这些因素只能够像坐标一样锁定我们在社会生活中的位置，但却无法真正回答"我到底是谁"的问题！每当问到自己这个问题，笔者都会不由自主地想起《感恩的心》里那句歌词"我来自偶然，像一粒尘土"。生命是神奇的，是偶然的，是父母爱的结晶与见证，也是大自然的眷顾与鬼斧神工的杰作！从呱呱坠地那时起，我们就是一个独特的个体，我们的每一步成长需要父母的精心呵护与谆谆教诲，需要亲朋好友的关心与爱护，需要老师的教育与引导，需要社会的熏染与历练，需要大自然的无私馈赠与不断满足，需要天时地利人和的成全。我们是独特而独立的个体存在，但更是大千世界茫茫宇宙中的一分子，一个极其微小的有机组成部分。

马克思曾经说过，人的本质是一切社会关系的总和。人从来都不是孤立存在的，尤其是在当今社会，信息化的生产生活方式拉近了人与人之间的距离，在信息时代的社会背景下，没有任何一个人能够将自身与社会隔绝，我们总是生活在错综复杂千丝万缕的社会关系之中。回答"我是谁"的问题，离不开我们所生活的社会环境，离不开我们所处的社会关系，离不开对茫茫宇宙的客观认知。

"我是谁"？笔者个人觉得，我们只是浩瀚的宇宙中极其微小的个体存在，我们来源于自然最终又回归于自然，我们产生于偶然最终又消失于突然，我们从出生的那一刻起，就在逐渐走向死亡，我们的每一天都向死亡更近了一步，人生只是一个过程，一个不断努力、不断奋斗、不断体验、不断感知的过程，每一个人生的阶段，都只是我们人生旅程的一个驿站，而不是最终的终点，都将成为过去，我们的一生都在以我们自己的实际行动生动地回答着、解读着、诠释着"我是谁"的问题。有的人回答得很精彩，有的人回答得不尽如人意，但是都没关系，只要我们曾经努力过，曾经为之而奋斗过，就是最好的答案，就无愧于人生。

我到底为什么活着？——我为了幸福而美好的生活而活着

"熙熙攘攘皆为利来，熙熙攘攘皆为利往。"《诗经》里的这句话似乎替我们回答了第二个问题——"到底是为了什么而活着"？马克思也曾经指出："'思想'一旦离开'利益'，就一定会使自己出丑。""人们奋斗所争取的一切，都同他们的利益有关。"有人会说这太肤浅、太实际、太功利，太俗了！实际上，我们每个人都不是生活在真空中，每一天都需要面对柴米油盐、衣食住行、吃喝拉撒、生老病死等现实问题，这些问题如果得不到妥善的解决，我们就难以更好地以实际行动去践行"我是谁"的问题，就难以真正担负起家庭、社会、亲朋所托付的责任与使命。

马斯洛的需求层次理论首先要解决的就是生存问题。为了生活得更美好而去努力去奋斗是人之常情。我国实现了从富起来到站起来再到强起来的伟大飞跃，社会主要矛盾业已转化为人民日益增长的美好生活需要和不平衡不充分的发展之间的矛盾。对人民利益的尊重与满足就是对人民的最大的保护与爱护。每一个人都是血肉之躯，都有或物质的，或精神的追求，这本无可厚非。正是因为有了需求，才有了理想和现实的矛盾，才产生了科技发展的内在动力，才会推动社会不断地发展进步，这就是人类文明的发展轨迹。人一旦没有了需求，也就没有了动力。因为没有了需求，就没有了希望，就不会产生理想与现实的摩擦与碰撞，就不会有动力去求发展、谋进步。矛盾是事物发展的动力，事物发展的根本原因就在于事物的内部矛盾。用通俗的话来说是我们的需求，用心理学的术语来说就是成就动机，用哲学的语言来说就是内部矛盾，用社会学的术语来说就是发展动力，用经济学的术语来说就是新的引擎……不管从什么学科，从什么视角来说，实质都是一样的，即"利益"，只不过这个"利益"可能是物质层面的，也可能是精神层面的，抑或是物质层面与精神层面兼而有之。

那有人可能会问，难道我们每个人都是为了"人为财死，鸟为食亡"的单纯利益而活着吗？甚至为此而不惜回归赤裸的丛林规则吗？毫无疑问，回答是否定的。人之为人就在于他不同于动物的社会性属性。我们的社会性就具体体现在我们的价值追求，也就是我们为什么而活着的问题，人生的动力是什么的问题。用马克思的话来说就是为了全人类的解放，用我们普通老百姓的话来说我们是为了更加幸福、更加美好而活着。只不过需要一定的利益满足，或物质的，或精神的，我们才能够实现对幸福与美好的期待。在这里我们要清楚，"利益"只是手段，而不是"目的"；是使我们生活得更幸福更美好的手段，而不是我们幸福与美好生活本身。

但在现实生活中，有太多的人本末倒置，把"手段"混淆成"目的"，所以体现出来的是功利化的行为模式与价值取向，被"利益"所异化，它本应是为我们的幸福美好生活服务的，为我们的人生目的服务的，但却成了奴役我们忙碌奔波的主宰。"熙熙攘攘皆为利来，熙熙攘攘皆为利往""人们奋斗所争取的一切，都同他们的利益有关"说的是现象，但是我们要真正弄明白"为什么活着"的问题，就要透过现象看本质，分清"手段"与"目的"的区别，真正把人生的幸福把握在自己手里，而不是被实现幸福的手段所异化，迷失了自我，迷失了方向，这就需要我们把握好度，处理好"手段"与"目的"之间相互的辩证关系。这就涉及第三个问题——"我该怎么活"的问题。

我该怎么活？——我要充满爱且真实地活着

"增之一分则太长，减之一分则太短；著粉则太白，施朱则太赤。"这本是用来描写貌美女子的诗句，现代人引申用以说明把握度的重要性。对"度"

的把握,是我们一生都需要修炼的难题,也是一生的必修课。"过犹不及""知足常乐""物极必反""居盈满者,如水之将溢未溢,切忌再加一滴;处危急者,如木之将折未折,切忌再加一捌"。这些古语都意在劝诫我们要重视把握好"度"的重要意义。人生有度,过则为灾。对"我该怎么活"这一问题的把握,实际上就是对"度"的把握。"度"是一个哲学概念,要放在具体的关系中去考察。对于我们每一个普通人而言,无外乎要处理好自我与他人与社会,自我与自然与宇宙,自我与内心之间的辩证关系,无外乎要在这三对关系范畴中不断地做出选择,把握好尺度,寻找平衡点。

就自我与他人与社会的辩证关系而言,人总是生活在一定的社会关系之中的现实的立体的人,我们既要自爱、自重,尊重自我的独特性,有"走自己的路,让别人去说"的洒脱、释然、勇气与个性,但同时又要有"天地与我并生,万物与我为一"同舟共济、同甘共苦、休戚与共的家国情怀。一方面,我们要懂得爱自己,才能更好地爱别人,要懂得只有自尊,才能更好地做到他尊。我们不需要做完全放弃自我而成全他人的苦行僧,每一个个体好了,家国也就好了,社会和天下也就好了。爱护自己是我们每个人最为基本的家庭责任和社会责任,做不到这一点,其他一切也就无从谈起。另一方面,事物总是彼此联系的,我们每个人从开始孕育的那一刻起甚至是从更早的时候开始就从来都不是孤立而存在的,总是与他人与社会存在着千丝万缕的联系,无论是从自我的狭隘立场来看,还是从你中有我我中有你的人类命运共同体来看,无论是从功利的视角来看,还是从责任、使命、道义的人生格局的视角来看,只有更好地尊重了别人,更好地满足了别人的需要,只有作为一个个体更为自愿自然地顺应了社会发展的基本规律,才能在成就别人的同时实现自我,这就是平时我们所说的格局和胸怀,也即老子所说的"无为而无不为"。说的就是我们要固守本分,充分认识自己只是社会中一分子的角色扮演,充分尊重社会规律,懂得人与人之间、人与社会之间彼此联系的道理,既要做好自己,又要顾及他人与社会,这样才能打开局面,形成格局。这就需要权衡好自我与他人、自我与社会、个人价值与社会价值，个体的小我与社会的大我，个人理想与社会理想之间的辩证关系，把握好"度"，做到利人即利己的双赢与多赢，也就是所说的命运共同体。

但有的时候，我们总是习惯于把自我过于放大，过于膨胀，从而导致追求有悖于规律的过分奢望，做出有悖于常理的失范行为，最终导致与家庭成员的不和谐不幸福，与他人与社会的不合拍不同步。我们应该懂得我们每个人只是大千世界里的一个有机组成部分，过于注重自我的价值取向和行为习惯，只能让我们做出违背社会伦理的事而四处碰壁、遍体鳞伤、事与愿违。"爱人者，人恒爱之；敬人者，人恒敬之""己所不欲勿施于人"说的就是这个道理，舍得舍得，有舍才有得，说的也是这个意思。为了名利，绞尽脑汁，钩心斗角，因为偶然的因素，可能会短期地如愿以偿，但就长远而言，偶然毕竟无法取代更无法改变必然，违背规律而动自然会受到规律的惩罚，只是时间的早晚而已。正所谓"积善之家，必有余庆。积不善之家，必有余殃""无命无常，修德为要"。虽然我们要有"人定胜天"的浩然气魄，看到人之为人的主观能动性，但任何自由都是与必然紧密相连的，都是建立在对规律的尊重与遵从基础之上的，没有绝对的自由，只有相对的自由，建立在必然基础之上的自由才是真正的自由，这里的"必然"就是"规律"。

我们每个人都是社会中的一分子，都是社会链条中极其微弱的一个组成部分，违背这一社会规律而沦为自我私欲的奴隶和附庸，自然会导致从不断地自我膨胀，走向自以为是，再到自私自利，最终导致自食其果，带给自己的只能是伤人伤己的悲惨结局。明朝赫赫有名的崇祯皇帝最后以自缢身亡而惨淡收场的一个主要原因就在于其性格自大、杀害忠臣，最终走进了自己亲手制造的坟墓，自食其果，悲惨谢幕。"水可载舟，亦可覆舟"说的就是这个道理，无论是为官，还是为人，都要合理摆正自己的位置，懂得利人即利己的道理，要懂得尊重他人、宽容他人、感恩他人，这才是对自己最好的保护与爱护。真正的幸福美好来源于内心的平和，而内心的平和来源于对真善美的还原与追求，来源于对正义的维护，来源于对规律的尊重，而不是寸利必得、涸泽而渔、焚林而猎的短视和愚昧。

就自我与自然与宇宙的辩证关系而言，我们的生命来源于自然，最终也必将回归于自然，我们本就是自然界的一个有机组成部分，人与自然浑然一体，和谐相处，是人类生态美学的最高境界。只有经历了外在的人与自然的"物性"和谐，才能真正走向内在的"心性"和谐，才能找到真正的内心平和与宁静，从而走向幸福美好的人生状态。

笔者很喜欢"我本是一粒尘埃"这句话。是自然孕育了并供养着我们的生命，也终归有一天，我们会撒手人寰，化作一缕青烟，回归自然的怀抱。生不带来，死不带去。我们赤裸裸地来到这个世界，最终又将赤裸裸地离开。科学经营生命的关键在于正确对待物我之间的关系，还原自然的生存状态，摒弃"人类中心主义"的狭隘与短视，与自然和谐共处。"生命如舟，载不动太多物欲，掌握生命和健康的方法只有在物质上得以寻找。""良田千顷不过一日三餐，广厦万间只睡卧榻三尺"是自古至今广为流传的俗语，意在劝诫我们要懂得知足常乐、要学会克制欲望，明白适可而止，切忌贪得无厌，沦为欲望的奴隶与附庸。用马克思的话来说就是"异化"。

随着科学技术的不断发展，人们改变自然能力的不断提升，市场经济的快速发展，物质资源越来越丰富，人们的生活条件与生活水平也是越来越好了，但洋溢在人们脸上的幸福与满足似乎并没有想象中的同步正向增长，面对山珍海味却"食之无味"，睡在松软的席梦思床上却"夜不能寐"的现象反而在一定程度上时有发生，不可否认这与人们生存的压力有着直接的关系，但这一压力一方面来自于激烈的外部竞争，另一方面来自于内心膨胀的物质欲望。生活其实很简单，只是我们把对物质的占有人为地赋予了太多的意义，是否有房有车有存款变成了爱的砝码，开的是宝马、奔驰、法拉利还是小QQ成了身份与地位的象征，吃的是鲍鱼人参还是白菜萝卜成了衡量成功与否的标配。殊不知建立在物质基础上的爱情根本经不住风雨的考验，车子票子房子给不了你一个好妻子好伴侣，殊不知宝马、奔驰、法拉利或是小QQ也都只不过是代步的工具。"宁可坐在宝马车里哭，也不愿坐在自行车上笑"的人生是可悲的，是毫无意义的虚荣心在作怪。鲍鱼人参还是白菜萝卜，它们所提供的营养各不相同，只要能够提供热量，满足我们对营养的需要，食之健康就是最好的美食，把吃什么看作身份地位的标识与象征无异于庸人自扰。可恰恰就是这些再简单不过的生活道理，被我们不断膨胀放大的物欲，被我们扭曲变形的虚荣心所掩盖，相当一部分人被物欲牵着鼻子走，毒奶粉、瘦肉精、苏丹红也因此而走上了文明社会的餐桌，杀鸡取卵、涸泽而渔、焚林而猎等破坏自然生态的野蛮行径也因此而频频见诸报端……自然界是我们的衣食父母，离开了自然界的馈赠，我们将寸步难行。我们本就是自然界的一部分，不应该因内心物欲的膨胀而蒙蔽了双眼，做出伤害自然，最终伤害我们自己的愚蠢行为。就像恩格斯所说的，不要过分陶醉于我们对自然的胜利，对于每一次胜利，自然界都报复了我们。

"我们该怎么活"？就与人与社会的关系而言，要求我们尊重与遵从社会规律，对社会规则有敬畏之心；就与自然与宇宙的关系而言，要求我们尊重与遵从自然规律，对自然有敬畏之心。短短的人生百年，我们应该领悟人生的真谛，做自己命运的主宰，而不是做权势的奴隶，也不是成为物质欲望的附庸，这样都得不到真正的人生幸福美好，也无法真正回答"我为什么活着"的问题。

就自我与内心之间的辩证关系而言，我们要学会与自己和谐共处，要学会与自己的内心对话，要懂得理想中的自我与现实中的自我是一对矛盾共同体。每一个人的内心都住着另一个自己，这个内心的自己既是卸下了伪装与面具的真实自己，同时又是理想与向往中的美好愿望与追求，我们要学会平衡这两个自己的关系，要做到既能够正确看待自己的缺点与不足接受自我的独特性，又能够正确评价自己的优点与长处戒骄戒躁，只有这样才能够悦纳自己，找到内心的平静与安宁。尺有所长，寸有所短。上帝永远是公平的，他为你关闭了一扇门,就会为你打开一扇窗。一个人不可能身上一无是处毫无优点,同样,一个人也不可能完美无缺毫无缺憾。放大优点忽视缺点只能让我们看不清自己到底是谁,只会导致我们的自以为是和盲目自大;相反地,放大缺点忽视优点同样也让我们看不清自己到底是谁,只会导致我们的孤影自怜和畏手畏脚;正视优点与缺点,尽力而为,量力而行,做到扬长避短才是真正智慧的选择。

人生无完满,缺憾亦是美。事物都有两面性,一个人最大的优点也可能恰恰是他最大的缺点。"知人者智,自知者明。胜人者有力,自胜者强。"人生最难的不是了解他人战胜他人,而是了解自己战胜自己。俗话说"人贵有自知之明"。能够自知并自我超越才是真正的智慧与强大,才是最难能可贵的。不敢正视自己而逃避现实的人,永远都与成功无缘。理想自我与现实自我的矛盾纠葛,就是一个不断调整自我认知与自我人生方向的动态过程,理想自我是建立在对现实自我充分认识基础之上的符合自我特点和客观规律的人生追求,脱离对现实自我的客观认知的不是理想的自我而是空想的虚幻的自我,永远也无法实现,是自我与内心无法和谐共处的深层次根源。幸福美好生活的实现,就是一个理想自我不断转变为现实自我的过程。把握好了理想建立起来的基础和与现实矛盾纠葛的"度",也就把握了通向幸福与美好的钥匙,把命运真正掌握在自己的手里,做自己命运的主宰。

对"我是谁""我到底为什么而活着""我该怎么活"这一系列"是什么""为什么""怎么办"人生问题的回答会随着时代的变迁而有不同的答案。无论是从人生阅历上,还是从知识储备上,抑或是从思维能力上,笔者都无法准确地回答这些看似简单实则复杂的人生问题,在这里,笔者也只是粗浅地与大家一起分享一下当得知埃塞俄比亚空难的噩耗时自己内心的一点非常真实的感受和感慨而已,难免会有不成熟甚至是诸多不妥之处,就当是与各位读者的人生探讨与自己内心感悟的分享吧,还希望各位读者能够给笔者以人生指导和启迪,让笔者更好地回答这些儿时起我们就不止一次反复问过自

思考的力量

己的人生话题，让我们彼此共勉，在短暂的人生旅途中寻找到真正属于自己的幸福美好，让我们有限的时空能够延伸，让我们有限的生命能够得到升华。虽然不见得人人都能做到臧克家所说的"有的人死了，他还活着"的身虽死而"道"犹存的崇高境界，但至少能做一个无愧于内心、无愧于自我、无愧于父母家庭、无愧于他人与社会的，有用的、阳光的、充满正能量的可爱的人。

生命无常，且行且珍惜。让我们以"爱"的力量拉近心与心的距离，破解一个个人生难题，让我们以对"真善美"的不懈追求诠释人生的真谛，找到真正幸福美好的生活，不枉费这段短暂且无常的人生旅程。

（人民论坛网 2019 年 3 月 15 日）

诚信是经济高质量发展的基石

中国特色社会主义进入了新时代，我国经济发展也随之而进入了一个崭新阶段。"高质量发展"是 2017 年中国共产党第十九次全国代表大会首次提出的新表述，是对新时期经济发展状态的新判断，"高质量发展"的经济定位表明我国经济已由高速增长阶段向高质量发展阶段转变。在今年两会上，"高质量发展"一词也被频频提到。

经济的高质量发展，需要市场监管部门诚信管理水平的不断提高，需要社会诚信度的不断提升，需要国家诚信体系的不断完善。"诚者，天之道也；思诚者，人之道也。"诚信，是经济高质量发展的基本保障。不断健全社会诚信体系建设，以此来净化市场环境，提高企业发展质量，实现质量增长、效益增长和动能转换，从而推进整个国民经济发展的转型升级，是经济高质量发展的必然要求。

人是经济活动的主体，经济的高质量发展离不开人的高素养。"仁义礼智信"是我国儒家文化中"五常"的基本内容，是为人处世最起码的道德准则，是我国传统美德的基本组成部分，是我们中华民族高度认同的价值标准。其中，"诚信"是立身之道、兴业之道、治世之道，是立身处世的基本道德要求。人无信不立、业无信不兴。诚实守信是为人的根本。孔子认为，如果没有诚信,也就失去了做人的根基,他把"信"列为教育弟子的"四大科目"和"五大规范"之一。北宋理学家周敦颐也认为"诚信"是"五常之本,百行之源"。

市场经济是法治经济,同时更是诚信经济。诚信是企业进行一切经营行为的底线。尤其是随着物联网的广泛应用与不断普及,经济交易行为早已突破了地域界线,而远程的经济交易,更需要诚信作为彼此信任的基础与保障。没有完善健全的信用体系,就难以建立起完备的市场经济体制。

一方面,完善的信用体系可以有效降低市场经济的运行成本。市场经济是契约经济。契约经济的顺利运行需要契约精神的弘扬才能得以保障。而契约精神的实质就是要求我们诚实地信守规则和承诺。诚信的社会氛围,大大降低了我们在进行市场交易时对真伪、虚实、好坏等进行验证的人力、物力和财力消耗,从而提高了交易效率,也有助于经济的有序运行。

另一方面,完善的信用体系有助于企业自身的高质量发展。"诚招天下客,誉从信中来。"诚信是企业的无形资本,是企业最重要的品牌资源。对于一个有诚信的人,我们会认为他靠谱。对于一个有诚信的企业,我们会认为它可靠。诚信经营才能赢得消费者的认同。诚信经营才能拓宽市场空间。诚实守信不仅是社会运行的外在约束,更是企业自身经营管理的内在要求。"自谋不诚,则欺心而弃己;与人不诚,则丧德而增怨。"只有诚实守信的企业才能在激烈的市场竞争和越来越透明的网络信息时代生存下来。昔日偏远地区的土特产、绿色食品借助于互联网的便利条件,在大城市越来越受欢迎的一个主要原因就是人们对偏远地区人们质朴单纯人格的那份天然的信任。

以史为鉴,商鞅的"立木为信"与周幽王"烽火戏诸侯"形成的鲜明对比,以生动的事实告诉我们诚信的价值与意义。人生总是在不断的选择中度过。诚信与否其实也是一种选择。诚信品格的培养是一个由外在约束到内在自觉,进而外化为个体行为的渐进过程。在网络无处不在的信息化社会,诚信建设需要依托信息技术建立大数据平台,打破信息壁垒,这样才能对不诚信行为形成有效的监督、约束、评价与奖惩机制,从而净化社会风气,为经济的健康发展创造良好的营商环境。我国古代是以家庭为单位从事生产劳动的农业社会，大家安土重迁，人们基本上只在自己所熟悉的社会半径里靠血缘、地缘关系的彼此联系讲求诚信，不诚信行为会遭到熟人圈子的舆论谴责，由于受活动半径的限制，所付出的代价太大，这种外在的约束就制约着人们的诚信选择。而在现代社会，由于信息与交通的便利，再加上社会资源的流动性变大，人们的活动半径也随之变大，这使得对不诚信行为的监管面临很大困难。面对现代社会人员流动性的加大，诚信体系的建设需要借助于网络科技构建起诚信大数据平台，建立诚信档案，从而动员多方力量，加强对不诚信行为的监督和惩戒力度，为构建诚信的市场环境和社会氛围奠定基础，最终推动经济的高质量发展。

（人民论坛网 2019 年 3 月 27 日）

乡村振兴离不开精神文明品位的提升

乡村振兴战略是习近平同志2017年10月18日在党的十九大报告中提出的战略。党的十九大报告明确指出要坚持农业农村优先发展，按照产业兴旺、生态宜居、乡风文明、治理有效、生活富裕的总要求，建立健全城乡融合发展体制机制和政策体系，加快推进农业农村现代化。乡村振兴的内涵包括经济、社会和文化等各个方面，其中精神文明建设是乡村振兴的重要部分。乡风文明是乡村振兴的保障。

精神文明是人们在长期共同生活和相互交往中逐渐形成的，它不仅是个人素养的体现，更是一个地区形象的展现。习近平总书记在徐州考察时曾强调，实施乡村振兴战略要物质文明和精神文明一起抓，特别要注重提升农民精神风貌。中央一号文件明确要求，实施乡村振兴战略，要繁荣兴盛农村文化，焕发乡风文明新气象。精神文明才是乡村振兴的魂。乡村振兴，要体现深厚的精神文明传统，以源远流长的文化传统凝聚乡土之美、人文之美。精神文明建设是乡村振兴的重要战略支点，只有充分释放乡村的精神文明底蕴，充分发扬文明的力量，不断提升乡村的精神文明品位，才能全面推动乡村振兴战略实施，才能建构具有饱满品位特征和鲜活气息的新农村。

农民是乡村振兴的主力军，现代化的农业和农村建设，不仅需要现代化的机械设备，更需要具备现代化素养的新型农民，而具备现代化素养的新型农民，不仅应具备较高的技能，还应具备深厚的人文素养，需要自身整体人文素养的提升。改革开放的春风让我们的中华文化走向了世界，同时随着从站起来到富起来，再到强起来的历史性飞跃，我国越来越走近世界舞台的中央。作为一个农业大国，要在世界的舞台上讲好中国故事，树立良好的中国形象，离不开具有文化底蕴和精神文明风采的乡村振兴。农民作为乡村振兴的主力军和代言人，良好的精神文明面貌是乡村振兴的亮丽风景线，也是乡村振兴软实力的重要组成部分。

精准扶贫的内生动力关键在于"扶志"。导致贫困的根本诱因是能力贫困，而物质贫困只是表象，深层次的贫困诱因在于主体缺少独立自主、自立自强的意识与能力。以提高收入水平、改善物质生活条件为目标定位的扶贫还仅仅是处于摆脱贫困的初级阶段，还处在"扶"的状态，而没有真正实现"脱贫"。真正的"脱贫"应该是建立在贫困人口自力更生能力不断提高基础之上的。这就要求我们的扶贫工作逐步实现从单纯的收入扶贫、物质扶贫向能力扶贫、精神扶贫转变，在帮助贫困人口的过程中要充分挖掘与激发受助者自身的潜能，实现精准扶贫"助人自助"的主体性回归，不仅要提升乡村贫困人口的物质生活品位，更要提升乡村贫困人口的精神生活品位。

党的十八大以来，以习近平同志为核心的党中央坚持把解决农业、农村、农民问题，建设社会主义新农村作为重中之重，作出了一系列富有创见的科学论断，为农村精神文明建设指明了前进方向、提供了根本遵循。精神文明是乡村振兴的内生动力。"外在美"与"内涵美"的有机融合，才是美丽乡村建设的真正底色。位于昌平区沙河镇的和谐星火农民工子弟学校自2011年以来一直致力于农民工子弟的基础教育问题，让孩子们在纯净的天空下快乐、健康、文明地成长，有效解决了农民工的后顾之忧，为乡村振兴的精神文明

■ **思考的力量**

建设贡献了自己的积极力量,也为乡村振兴的精神文明建设提供了可资借鉴的典型经验。我们希望能够有越来越多的爱心人士主动积极地投身到乡村振兴的精神文明建设中来,为我们建设美好的生态家园和精神家园贡献力量。

(人民论坛网 2019 年 5 月 23 日)

乡村振兴建设不能没有灵魂

"一个国家、一个民族不能没有灵魂。"这是习近平总书记于2019年3月4日在参加全国政协十三届二次会议文化艺术界、社会科学界委员联组会时提出的殷切期望。宏观层面大到一个国家、一个民族，微观层面具体到一个乡村、一个家庭乃至每个社会成员，"灵魂"都是不可或缺的精神支撑和方向指引。乡村振兴建设作为国家治理的一个重要组成部分，同样不能没有灵魂的支撑和导引。而文化建设就是乡村振兴的魂，文化为乡村振兴提供必要的精神支持和智力保障，文化为乡村振兴固本培元、凝魂聚气，文化建设是乡村振兴强基固本的基础工程。实施乡村振兴战略，是党的十九大作出的重大决策部署，是决胜全面建成小康社会、全面建设社会主义现代化国家的重大历史任务，是新时代"三农"工作的总抓手。《中共中央国务院关于实施乡村振兴战略的意见》特别强调，乡村振兴，乡风文明是保障。必须坚持物质文明和精神文明一起抓，提升农民精神风貌，培育文明乡风、良好家风、淳朴民风，不断提高乡村社会文明程度。作为一种精神价值和生活方式，文化在乡村振兴中具有不可替代的重要作用。

全面建成小康社会，是乡村振兴的主要目标，其核心与关键就在于"全面"二字。自党的十八大以来，中国特色社会主义现代化建设开启了整体性发展的新时代。乡村振兴是一个整体性目标要求，需要"五位一体"的全方位发展，任何一个方面的发展滞后，都会影响甚至是阻碍乡村全面建成小康社会目标的实现。作为乡村振兴的重要内容，文化振兴、文化小康意义重大，影响深远，是乡村振兴的根与魂。乡村文化振兴既是解决人民日益增长的美好生活需要和不平衡不充分的发展之间矛盾的必然选择，也是实现全体人民共同富裕的必然要求。乡村文化振兴，既能为乡村发展提供文化支撑，又能营造良好的文化环境满足广大乡村人民群众的精神文化需求，有效解决人民对美好生活的文化需要与不平衡不充分的文化发展之间的矛盾。农村是我国传统文明的发源地，乡土文化的根不能断，要为农民建设幸福家园和美丽乡村。我们不能让农村成为荒芜的农村、留守的农村、记忆中的故园。振兴乡村文化对乡村振兴战略有着积极的促进作用。可以说，乡村振兴如果没有乡村文化的高度自信、自觉与自强，如果没有真正承担起以文化人、以文育人、以文培元的使命，就不可能有乡村文化的繁荣与发展，乡村振兴的奋斗目标也就难以真正实现。这就需要我们下大力气着力补齐农村文化建设这块短板，不断提高广大农民群众的生活质量、文明品位与文化底蕴。

乡村振兴需要高度的文化自信。越己者恒越，自信者更强。自党的十八大以来，习近平同志多次谈到文化自信，并深刻指出，"我们要坚持道路自信、理论自信、制度自信，最根本的还有一个文化自信"。"文化自信，是更基础、更广泛、更深厚的自信，是更基本、更深沉、更持久的力量。"在新鲜事物层出不穷、价值取向日益多元、生活方式日益多样的当今社会，对于生活简单、是非标准淳朴、老实本分的农民而言，只有对自身生于斯、长于斯的本土文化有坚定的信心，才能在瞬息万变的时代变迁中不迷失自我，少一份浮躁与盲从，多一份淡定与从容；少一份知难而退的逃避，多一份知难而进的坚强。在困难面前自立自重，鼓起奋发进取的信心与勇气，焕发创新创造的活力，实现"从站起来、富起来到强起来的历史性飞跃"。文化立世，文化兴邦。坚定文化自信，才能为乡村振兴提供更加有效的软实力、构筑更加积极健康的文化软环境，为乡村全面建设小康社会提供更基本更深沉更持久的力量。在调研走访中我们发现，海南省琼海市的南强村和沙美村，就以充分的文化自信展示了乡村振兴中新农村和新农民的良好精神风貌，并以独具地方特色的乡风文明感染着从世界四面八方来到琼海的客人，以自身的文化魅力吸引着越来越多的人走进琼海、了解琼海，为琼海的乡村振兴建设奠定了坚实的文化基础。

乡村振兴需要高度的文化自觉。乡村文化振兴，除了要具备文化自信的底气，还需要文化自觉的积极践行。只有兼收并蓄、融会贯通，文化才能更加具有创新的活力和魅力，才能具有永续发展的勃勃生机。所谓文化自觉，简言之就是在充分的文化自信基础上对本土文化的自我反思、创新发展与主动传播。费孝通先生以"各美其美，美人之美，美美与共，天下大同"来概括不同文化的关系。对于广大农民群众而言，仅仅对自身所生活圈子的文化具有坚定的自信是远远不够的，还需要以不卑不亢的开放心态合理吸收、大胆借鉴城市文化、外来文化中的有益成分；此外，还需要把具有乡土特色与气息的乡村文化传播出去，让更多的人了解农村、了解农业、了解农民，为自身良好形象的树立，为在越来越开放的发展格局中展现民族自信、展示中国农民的独特魅力、讲好中国农民自己的故事贡献力量，为走近世界舞台中央点亮中华文化这盏明灯。只有在文化的继承、弘扬、兼收并蓄的文化自觉中，农民才能真正享受文化惠民的福利成长为新型的现代化农民，农村才能借助文化的力量发展成为现代化的新农村，乡村振兴的宏图伟业才能走得更实、走得更远、走得更有品位更有价值。

乡村振兴需要高度的文化自强。"当真理还在穿鞋的时候，谎言已跑了大半个世界。"随着改革开放的深入进行，对外开放的窗子在打开的同时，进来的不只是新鲜的空气，也会有苍蝇和蚊子一同飞进来。尤其是随着互联网通信技术的飞速发展和广泛普及，一些错误的价值观业已悄然蔓延开来。这种文化渗透正以温和的方式悄无声息地影响着、侵蚀着逐渐面向国际市场的农民朋友。面对西方的文化渗透，需要我们质朴的农民朋友提高警惕、坚守底线、筑牢思想防线，提高是非辨别力、增强抵御错误思想侵蚀的免疫力。但是，仅仅只是被动地防范还是远远不够的。克劳塞维茨曾说："最好的防御就是进攻。"再坚固的"马奇诺防线"也有被突破的一天。只有牢牢把握意识形态领域斗争的主导权，才能固本培元，更好地保护思想阵地。这就需要我们在乡村振兴的过程中既要树立坚定的文化自信，同时更要实现文化自强。因此，我们要积极传承红色文化，大力弘扬优秀传统文化，繁荣发展社会主义先进文化，多创作出一些反映农业、农村、农民新面貌的、极具正能量和文艺价值的、广大农民朋友喜闻乐见的精品力作，牢牢把握文化阵地，让我们的乡村文明和乡土文化强起来，让错误的思想观念和扭曲的价值观念无所遁形。

"设神理以景俗，敷文化以柔远。"作为一种能够直抵心灵深处的精神力量，文化历来都发挥着铸魂化人的神奇力量。习近平总书记明确指出："乡村振兴既要塑形，也要铸魂。"只有积极传承红色革命基因，大力弘扬中华优秀传统文化，繁荣发展社会主义先进文化，构建具有时代气息和乡土特色的乡村思想文化体系，走物质文明振兴和精神文明振兴相结合的道路，打造文化乡村，培育文明乡风，让村民们在生活富起来和生态美起来的同时，精神也丰富起来，乡村振兴战略才能真正落地生根，行稳致远。

（人民论坛网 2019 年 5 月 24 日）

让"留守儿童"的明天更美好

实施乡村振兴战略,是党的十九大作出的重大决策部署,是决胜全面建成小康社会、全面建设社会主义现代化国家的重大历史任务,是新时代"三农"工作的总抓手。关于乡村振兴战略,习近平同志指出:"要坚持乡村全面振兴,抓重点、补短板、强弱项,实现乡村产业振兴、人才振兴、文化振兴、生态振兴、组织振兴,推动农业全面升级、农村全面进步、农民全面发展。"其中人才是乡村振兴的关键,而乡村儿童则是乡村未来人才的后备力量,是乡村振兴的希望与明天。

然而,大量劳动力外出务工使留守儿童问题越来越凸显。父母在留守儿童亲子教育中的缺位,无论是对孩子们心理发育造成的不良影响,还是对孩子们文化教育的欠缺,以及在为人处世等方面合理引导的缺乏,不但不利于孩子们的健康成长,而且这种不良影响还可能延续到孩子长大成人之后,甚至会成为其一生都难以磨灭的阴影。如何营造良好的留守儿童成长环境,怎样才能让留守儿童的心理更加健全,谁来为留守儿童的未来买单,怎样使留守儿童的明天充满希望,变得更加美好……这是我们在实施乡村振兴战略中必须认真思考的问题,这些问题是否能有效解决,不仅影响着留守儿童自身的健康成长与未来命运,同时也决定着乡村振兴战略能否实现可持续发展,能否有更加灿烂美好的明天。

　　乡村振兴最根本的在于要抓好文化教育工作，这是首要任务，是治本之策，直接决定着乡村振兴的未来走向。留守儿童的文化教育问题，一直是外出务工人员心底难以抹去的痛，也是一直以来难以破解的一项重要社会难题。在党中央的谋划指导下，各级地方政府对留守儿童问题都给予了高度关注并相继采取了一系列相关措施，虽然取得了巨大成效，但依然存在很多问题亟待进一步解决。留守儿童问题难以根治的原因是多方面的，既有来自留守儿童家庭自身的原因，也有政府相关制度、机制不够完善、不够健全的原因，同时在一定程度上也存在社会公众力量和志愿服务欠缺等方面的原因。要构筑起留守儿童的心灵家园，从根本上解决健康、教育、成长等一系列留守儿童问题，最关键的还是要建立健全相关的制度和机制，使外出务工人员能够回归故土，在家乡创业立业干出一番天地，这样才能有效破解留守儿童这一社会难题。这就需要各级地方政府制定关爱留守儿童的责任制度清单以及为外出务工人员回乡就业创造机会并给予一定的政策倾斜、帮助并督促形成良好的家庭教育培养氛围、广纳社会力量构建社会志愿者对留守儿童的帮扶机制，从而协调多方力量关爱留守儿童健康，实现乡村振兴的共同治理。

（人民论坛网 2019 年 5 月 27 日）

文化振兴为乡村振兴固本培元　凝聚内生动力

文化的核心价值在于文以载道，以文化人。文化是一个国家、一个民族的灵魂。乡村振兴战略需要文化建设的繁荣发展，需要文化的力量固本培元，凝聚发展的内生动力。新时代的乡村建设离不开文化软实力贡献智慧与力量。习近平同志曾经说过，实施乡村振兴战略，不能光看农民口袋里票子有多少，更要看农民精神风貌怎么样。习近平同志在党的十九大报告中就曾经指出，满足人民过上美好生活的新期待，必须提供丰富的精神食粮。实现乡村振兴，绝不仅仅只是追求物质上的充裕，更需要精神上的富足。

文化振兴是乡村振兴的内在要求和必然选择。随着新农村建设的逐渐深入，文化的力量在乡村发展中所发挥的作用日益凸显。习近平同志强调要"记住乡愁"，这里的"乡愁"就是我们的"魂"之所系"梦"之所绕，就是我们的乡土文化，乡风文明。中国的乡土文明源远流长，大力保护乡土文化资源，深入挖掘乡风文明力量，不断提升丰富农耕文明内涵，构建良好乡村文化生态，形成凝心聚力的重要力量，让子子孙孙在难以磨灭的乡愁记忆中健康成长并代代传承，这是乡村振兴的根本，是一个固本培元的过程。文化兴盛是提振农村精气神、增强农村凝聚力的思想基础和行动保障。如果没有文化振兴的支撑，乡村振兴就成了无源之水、无本之木，就难以实现可持续发展。

乡村文化振兴需要广大农民的积极参与，社会各界人士的热情帮助，以及各级地方政府的大力支持。乡村文化振兴需要广大农民群众积极贡献力量。农民是乡村文化振兴的主力军，乡风文明既需要广大农民群众的积极参与，又需要广大农民朋友高度自愿自觉地主动积极维护和传承。在乡风文明的不断建设过程中，一个主要内容就是农民自身素养的不断提升。

乡村文化振兴需要社会各界人士的广泛参与和大力支持。城镇化不仅仅是物的城镇化，更是人的城镇化。人的城镇化需要城市人口与乡村人口彼此之间充分地交流与沟通，需要彼此的帮助与扶持，只有这样才能更好地了解彼此的文化习惯，才能更快融入彼此的文化氛围。

乡村文化振兴需要各级地方政府的大力支持。一方面，各级地方政府要传递好党和政府的声音，对乡村振兴起到指导和引领作用；另一方面，各级地方政府要准确了解并及时反映广大群众尤其是广大农民在振兴发展过程中的实际诉求，替人民发声，为人民办事，服务于人民，不断提升广大农民的精神生活质量。

乡村振兴，既要塑形，也要铸魂。乡村文化振兴既是党中央立足社会主要矛盾变化、着力解决好发展不平衡不充分问题所作出的重大战略决策，又是广大农民群众向往美好幸福生活的实际需求。乡村文化振兴是乡村振兴的铸魂工程，是新时代做好乡村精神文明建设的总抓手，需要我们持之以恒的坚持和久久为功的韧劲。在新时代的小康路上，我们要充分发挥乡村文化振兴的积极力量，建设我们共同的美好家园。

（人民论坛网 2019 年 5 月 28 日）

体验经济在乡村振兴战略中应大有作为

"四体不勤,五谷不分"最初是指人不参加劳动,不能辨别五谷,形容人脱离生产劳动,缺乏生产知识。

不同时期,总是会有不同的文化现象。"文化作为人类在与自然交换关系和人类社会交换关系中凝结固化的物质、精神的累积遗存,随人类社会实践发展而不断丰富和发展。"因此,文化现象总是具有一定的时代性特征,总是反映所处历史时期的时代特点。在我国古代以家庭为单位的农业社会,"四体不勤,五谷不分"自然是懒惰的表现。但在竞争越来越激烈的现代社会,快节奏的生活方式,来自工作、就业、学习、家庭等多方面的压力,日益精密细致的社会分工,使得生活在城市里的人们接触自然,接触农村、农业、农民的机会变得越来越少、越来越难,因此,在城市居民中,一定程度地出现了体力活动缺乏和对农业常识基本认知欠缺的现象。为深入了解和体悟农村的生产劳动过程和实际生活状况,加大农业体验经济的发展力度是十分必要的,这将对拉伸农业生产的产业链和价值链起到积极的促进作用。

体验经济是服务经济的延伸,是农业经济、工业经济和服务经济之后的第四类经济类型,它以服务为舞台,以商品为道具,以环境为布景,创造出值得消费者回忆的经济活动,强调顾客的感受性满足,重视消费行为发生时顾客的心理体验。旅游经济与体验经济有着先天的耦合性，游客对放松自我、探新求异的心理需求需要通过体验消费来满足。2017年中央一号文件在"壮大新产业新业态，拓展农业产业链价值链"中提出要"大力发展乡村休闲旅游产业"。农业价值链和旅游业价值链具有众多融合契机。在当前农业产业结构调整和旅游产业快速发展的背景下，在体验经济和传统农业向现代农业转型的特殊时期，农旅融合有助于推动体验经济的发展，拉伸产业链和价值链。

传统农业主要停留在生产层面上，通过与旅游业的融合发展，农业资源不再是简单的生产资料，农业生产过程也不再是单纯的农事活动，而是转变为丰富的旅游产品和旅游体验活动，在这一过程中，农业资源获得了更多的旅游价值，产业链不断得到延长，农产品的附加值也不断得到提升。在体验经济日益盛行的发展背景下，乡村旅游作为农业生产的产业链和价值链的延伸，要想更具竞争力，不仅要提供具有乡土特色的农产品等物质商品，还要通过创意设计等方式满足游客的精神消费，增强游客的参与度和体验度，从而更好地满足其探新求异、寻求快乐与实现自我等方面的心理需求。但目前，这方面在农旅结合的产业开发中做得还远远不够，主要还停留在物质层面而缺少体验的元素和环境，因此，农旅结合的体验经济还有待于进一步深入挖掘游客的多元心理需求，还需在方式方法上进行深入的探索。

（人民论坛网2019年5月30日）

基层干部在乡村振兴中应大有作为

习近平总书记强调,要推动乡村组织振兴,打造千千万万个坚强的农村基层党组织,培养千千万万名优秀的农村基层党组织书记,深化村民自治实践,发展农民合作经济组织,建立健全党委领导、政府负责、社会协同、公众参与、法治保障的现代乡村社会治理体制,确保乡村社会充满活力、安定有序。

乡村振兴战略是习近平同志 2017 年 10 月 18 日在党的十九大报告中提出的战略。要将这一战略部署落到实处,需要一大批政治立场坚定、勇于作为、敢于担当、廉洁自律、为民服务的优秀基层干部。

基层干部要做到洁身自好,廉洁自律。增强廉洁自律意识,做到洁身自好,永葆党的先进性和纯洁性是党和广大人民群众对党员干部最基本的要求与期望,也是党员干部必须遵守的基本准则和安身立命之本。基层干部必须时刻牢记全心全意为人民服务的根本宗旨,必须继承发扬党的优良传统和作风,必须自觉培养高尚的道德情操,切实加强自身修养,时刻做到谨言慎行,在使用公权力的过程中,一定要深刻认识到手中的权力是群众给予的,其作用是为群众谋福祉,而不是沦为个人谋私利的工具。在实际工作中,要严格按照法律法规和相应的规章制度办事。基层干部如果能自愿自觉地做到廉洁自律，一身正气，两袖清风，做"权力在阳光下运行"的表率，就会得到广大人民群众的信任和支持，就会凝聚起乡村振兴的磅礴伟力。

基层干部要做到以民为本，为民服务。在乡村振兴战略的实际贯彻落实过程中，基层干部要充分尊重广大农民的意愿，调动广大农民的积极性、主动性、创造性，把广大农民对美好生活的向往化为推动乡村振兴的动力，把维护广大农民根本利益、促进广大农民共同富裕作为出发点和落脚点。广大基层干部要想引领广大人民群众夺取新时代乡村振兴的伟大胜利，就必须涵养好、淬炼好"百姓情怀"，实现好、发展好、维护好最广大人民群众的根本利益。密切联系群众，才能真心服务群众。百姓情怀的养成，需要经常性地到群众中去，始终保持与人民群众的血肉联系。空谈误国，实干兴邦。基层干部要想群众之所想，急群众之所急，要多下基层，要有一心一意搞乡村建设，踏踏实实为乡亲谋福利的务实精神。

基层干部要做好产业发展的"领路人"。产业发展，产业兴旺，广大基层干部要走在前头、干在前头，要充分发挥模范带头作用。广大基层干部要结合本地实际，因势利导，大力开发现代产业，坚持做给农民看，引着农民走，帮着农民建。只有基层干部先干起来，先富起来，才能用实实在在的经济效益引导农民鼓起勇气、迈开发家致富的步子，与广大群众一道化掌为拳，凝聚农村发展合力，积极以实际行动促进农业产业结构的调整和农村经济的发展。

基层干部要做好生态环境的"守护者"。绿水青山就是金山银山。良好的生态环境是乡村振兴的最大优势和宝贵财富。"良好生态环境是最公平的公共产品，是最普惠的民生福祉。"保护生态环境，关系到最广大人民的根本利益，关系到中华民族发展的长远利益，是功在当代、利在千秋的事业。广大基层干部要带领村民走安全、绿色、集约、高效的可持续发展之路，改善村民的生活环境，提高村民的生活水平，不断提升村民的幸福感和获得感。

（人民论坛网 2019 年 5 月 31 日）

家庭教育是教育的根基

习近平总书记在全国教育大会上指出,家庭是人生的第一所学校,家长是孩子的第一任老师,要给孩子讲好"人生第一课",帮助孩子扣好人生第一粒扣子。孩子的健康成长离不开教育,而真正的教育,绝不仅仅只是学校单方的责任,更是家庭、学校、社会、孩子本身共同的责任,需要各方力量的积极配合,相互沟通,形成合力。尤其是家庭教育,发于蒙童,启于稚幼,是孩子真正性格养成、品行端正的根基。家庭是孩子的第一所学校,家长是孩子的第一任老师,也是孩子的终身教师。"父善教子者,教于孩提。"擅于教育子女的父母,总是懂得在孩子幼儿时期就给予正确的引导,因为他们明白这是孩子将来立身处世、成就事业的基础。蒙童养正,家庭教育需要趁早,而且更需要被认真对待、被高度重视。

科学的教育观是家庭教育成功的前提。"宠子未有不骄,骄子未有不败。"可见科学的教育观和教育方法是孩子成长成才的前提基础。近年来,虽然国人的家庭教育意识不断增强,但许多父母仍然不太懂得什么才是正确的家庭教育。孩子还小,教育是大点儿了以后的事;对孩子的爱与尊重就是任其发展、放任自流;孩子的成长是一个树大自然直的过程;教育是学校的事;教育是一件好神秘的事,我不是老师,我不懂该如何教;教育就是胡萝卜加大棒;

把养育孩子的任务交给老师，既放心又安全，既省心又省力……如此种种有失偏颇的家庭教育观念仍在相当一部分家长的思想理念中存在着。正确认识德育教育与智力教育的相互关系是家庭教育成败的关键。德才兼备是家庭教育成功的目标追求，而不是"重智轻德"。家庭教育是孩子智力开发的基础，是孩子形成良好品德性格、身心健康的根基，家庭也是对孩子进行美育熏陶的天然场所。苏联教育家克鲁普斯卡雅说过："儿童时代一些最初的印象在人一生中留下痕迹……"孩子早期的思想启蒙教育主要源于家长的一言一行。美国学者吉尔特把智力结构归结为观察力、想象力等七个方面的内容。而开发这七个方面的智力要素就是早期家庭教育的主要任务，即"推动摇篮的手也是推动世界的手"。孩子的审美教养很多时候是在感性的家庭体验中潜移默化而形成的。

正确的价值观是家庭教育成功的关键。家庭教育的核心是正确价值观的培养。"亲其师信其道"的意思是说，一个人只有在亲近、尊敬自己的师长时，才会把师长所传授的知识与道理内化为自我的一种认知并进而外化于行。由于血缘关系，亲子之间有着天然的信任与亲近，因此父母是影响孩子价值选择与价值评价等基本价值观问题的最好老师。家长的一言一行、一举一动、一颦一笑，无时无刻不在潜移默化地向孩子传递着什么是对的、什么是不对的，什么是应该做的、什么是不应该做的，什么是荣、什么是耻这些价值选择与价值判断的信号。美国行为主义心理学家华生曾经说过，给我一打健康的婴儿，不管他们祖先的状况如何，我可以任意把他们培养成从领袖到小偷等各种类型的人。家庭教育之所以重要，在于它的启蒙性，在于孩子们是一张白纸，他们是阳光还是阴郁，是五彩斑斓充满活力还是苍白无力缺乏斗志，是井然有序遵守规矩还是乱七八糟恣意妄为……在很大程度上取决于父母的价值立场。"孟母三迁""岳母刺字""画荻教子"等千古美谈说明了我们中华民族历来重视家庭教育，强调父母对孩子的教育影响。

良好的家风是家庭教育成功的保障。"天下之本在家。""千秋家国梦，齐家与治国平天下，自古以来就是人们修身之道中不可或缺、前后承接的环节。"家是避风的港湾，也是梦想启航的地方。良好的家风是支撑一个家族的精神脊梁。家风是社会风气的重要组成部分。家庭不只是人们身体的住处，更是人们心灵的归宿。家风好，就能家道兴盛、和顺美满；家风差，难免殃及子孙、贻害社会，正所谓"积善之家，必有余庆；积不善之家，必有余殃"。家风正则民族兴。良好的家风是家庭文化的传承与弘扬，是家庭成员精神风貌的集中展现，是家族在岁月的沧桑中积淀下来的人生智慧与宝贵财富，是家族得以安身立命的处世精髓，这种世代相传的秉性始终在人们的精神血脉中绵延流淌。良好家风是无声的教诲，让后代子孙铭刻在心、代代受益。家风对孩子的影响，在于长辈们的言传身教，深入骨髓的家风文化使外在教育与内在的自我教育有机融合，使他律与自律有效叠加，使思想观念的内化与行为习惯的外化相互统一，从而激发孩子成长成才的理性自觉和意志自愿。

孩子们从牙牙学语起就开始接受家庭教育，有什么样的家庭教育，就有什么样的人。家庭教育涉及很多方面，但最重要的是品德教育，是如何做人的教育。也就是古人说的"爱子，教之以义方""爱之不以道，适所以害之也"。青少年是家庭的未来和希望，更是国家的未来和希望。养不教，父之过。家长应该担负起教育后代的责任。作为家长，应该把美好的道德观念从小就传递给孩子，引导他们秉持做人的气节和骨气，帮助他们形成美好心灵，促使他们健康成长，长大后成为对国家和人民有用的人。

（人民论坛网 2019 年 8 月 13 日）

守初心担使命　汇聚高质量发展磅礴力量

"不忘初心、牢记使命"主题教育是在全党范围内开展的主题教育，是推动全党更加自觉地为实现新时代党的历史使命不懈奋斗的重要内容。初心和使命是我们党的政治灵魂所系，政治生命所在，是激励一代代中国共产党人前赴后继、英勇奋斗的根本动力。"为中国人民谋幸福，为中华民族谋复兴"就是激励我们党接续奋斗的初心和使命，也是推动经济高质量发展的磅礴力量。

"为中国人民谋幸福，为中华民族谋复兴"的目标追求，要求中国共产党人有政治意识，从政治上看待、分析和处理问题。要求中国共产党人面对利益诱惑，有坚定的政治信仰，坚持正确的政治方向，站稳政治立场，保持政治清醒和政治定力，严守政治纪律和政治规矩，为健康政商关系筑牢政治堤坝，为良好营商环境的构建营造清朗的政治生态。而健康政商关系，良好营商环境是建设现代化经济体系高质量发展的重要基础。

"为中国人民谋幸福，为中华民族谋复兴"的目标追求，要求中国共产党人有大局意识，自觉从大局看问题，把工作放到大局中去思考、定位，做到正确认识大局、自觉服从大局、坚决维护大局。"人的本质是一切社会关系的总和。"任何人都必须妥善处理好个人与集体、与单位、与国家的利益关系。

"不谋全局者，不足以谋一隅，不谋大势者，不足以谋一时。"党员干部要在工作中始终保持大局意识，才能在工作中立于不败之地。有了大局意识，党员干部就会敢于舍弃"小我"，勇于追求"大我"。有了大局意识，党员干部才能在管理体制、合作机制、利益分配格局上打通梗阻，努力结成利益共同体、责任共同体和命运共同体，推动实现协调发展和高质量发展。

"为中国人民谋幸福，为中华民族谋复兴"的目标追求，要求中国共产党人有核心意识，在思想上认同核心、在政治上围绕核心、在组织上服从核心、在行动上维护核心。增强核心意识，就是要始终坚持、切实加强党的领导特别是党中央的集中统一领导，更加紧密地团结在以习近平同志为核心的党中央周围，更加坚定地维护党中央权威，更加自觉地在思想上政治上行动上同党中央保持高度一致，更加扎实地把党中央部署的各项任务落到实处，确保党始终成为中国特色社会主义事业的坚强领导核心。实现高质量发展、建设现代化经济体系，离不开党的高水平领导，也体现着党的高水平领导。推动我国经济实现高质量发展，必须毫不动摇坚持和加强党的全面领导。坚持党对经济工作的集中统一领导，推动党建与生产经营同频共振、同向聚合，是社会主义市场经济高质量发展的决定性因素。

"为中国人民谋幸福，为中华民族谋复兴"的目标追求，要求中国共产党人有看齐意识，向党中央看齐，向党的理论和路线方针政策看齐，向党中央决策部署看齐，做到党中央提倡的坚决响应、党中央决定的坚决执行、党中央禁止的坚决不做。"群力谁能御，齐心石可穿。"最伟大的力量是同心合力，只有上下同心、步调一致，用看齐意识锻造铁一般的党员队伍，才能凝聚起排山倒海、无坚不摧的高质量发展磅礴力量。看齐，是我们党的优良传统和政治优势，也是执政党建设规律的内在要求。"凡兵之道莫过乎一"，思想上统一、政治上团结、行动上一致是党的事业不断发展壮大的根本所在。

（人民论坛网 2019 年 9 月 10 日）

什么才是教师节最好的礼物

教师是人类最古老、最神圣的职业之一,他们担负着培养、教育下一代人的艰巨任务,他们是人类文明的传承者,人类智慧的启迪者。教师用知识的力量激励学生求知的欲望,以爱心、耐心和热心架起师生间心灵的桥梁。

2019年9月10日是我国第35个教师节。每逢节日,很多人都会思考什么才是给老师最好的教师节礼物。关于这一问题的回答不一而足。据安徽日报的相关信息了解到,阜阳市文峰幼儿园事先向家长发出一份特殊的"送礼清单",上面列出的是:尊重、信任、支持、沟通。很多老师表示赞成,认为这才是自己最想要的礼物。

"为学莫重于尊师。"尊师重教历来是我国优秀的传统美德。对教师的尊重不仅仅是内心的一种积极情感,更应该是一种积极的实际行动。这种尊重应该是发自内心的一种自愿自觉,不仅体现在表面的礼仪形式,更应该尊重教师的教育理念和教育成果。作为学生,对老师最好的尊重莫过于尊重老师的辛勤劳动,认真努力学习,并立志高远,不断攀登知识的高峰,成人成才;作为走向社会的每个个体,对老师最好的尊重就是把老师的教育营养转化成为社会付出奉献的不竭动力与知识能力;作为学生家长,对老师最好的尊重就是积极支持积极配合老师的各项教育要求、教育活动,协助老师把其教育理念和知识营养更好地传递给孩子。对教师的尊重是一种态度，更是一种行动，重在把教师的光辉理念、知识内容、人格魅力的正能量发挥到极致，传播给更多的人，影响更多的人，让世界更和谐、更美好。

亲其师信其道。信任是对老师教育成果和人格魅力最好的褒奖。真正的教育者绝不仅仅只是机械呆板地传授知识，而是对教学、对生活中的喜怒哀乐都有着深刻内心体验的情感丰富的人。一个合格的、优秀的教师对待学生一定是充满感情且真诚的。当学生、学生家长真切地感受到老师对待学生的那份真诚，信任感便会油然而生。可见，信任是对老师最大的认可和最好的褒奖。

任何一个孩子的健康成长都离不开教育，而真正的教育都需要父母、教师、孩子本身的共同努力，需要家庭、学校、社会各方力量的积极配合，相互沟通，形成合力。彼此理解与相互支持，才能使教师的教育道路少些荆棘多些平坦，才能为教师的教育成果锦上添花。

教师是神圣的职业。但教师也是平凡的普通人，他们也有自己的喜怒哀乐，也有自己的人生理念、价值追求、生活方式和独具个性的表达习惯等。因此，我们不能因为教师的职业是崇高而神圣的，教师从事的事业是伟大的，而对教师本人过于苛责，应懂得以平和的心态与其沟通，谋求彼此的共同成长。教学相长的实现一定是建立在彼此良好沟通的基础之上的。

（人民论坛网 2019 年 9 月 10 日）

民营经济高质量发展呼唤良好的社会诚信环境

"诚者,天之道也;思诚者,人之道也。"市场经济是诚信经济。"诚信"是民营经济高质量发展的基本保障,是企业进行一切经营行为的底线。尤其是随着物联网的广泛应用与不断普及,经济交易行为早已突破了地域界限,而远程的经济交易,更需要诚信作为彼此信任的基础与保障。没有完善健全的信用体系,就难以建立起完备的市场经济体制。不断健全社会诚信体系建设,以此来净化市场环境,提高企业发展质量,实现质量增长、效益增长和动能转换,从而推进经济的高速高效发展,是民营企业经济高质量发展的必然要求。

但当前,信用缺失现象时有发生,这在一定程度上阻碍了民营企业的高质量发展。民营经济的健康发展,需要市场监管部门诚信管理水平的不断提高,需要社会诚信度的不断提升,需要国家诚信体系的不断完善。首先,建立完善的信用信息共享体系。完善相关制度,健全规范标准,打破地域、领域以及行业壁垒,通过信用立法有效规范信用信息的采集、整理、存档、发布和使用,推动信息互查共享,形成合力不断促进国家信用治理水平的提升。其次,从管理和技术层面确保信息安全。从管理层面,要制定并不断完善严格的信用信息使用审核制度,对使用者的身份、信用记录、信息用途的考核及追踪等都制定出详细可操作的相关规定，并对泄露行为采取严厉的惩戒措施。从技术层面，要采用先进的技术手段确保信息安全。最后，借鉴西方国家借助第三方力量进行信用等级评价的经验做法，通过政策支持等形式鼓励行业协会等第三方机构参与到信用信息体系建设中来开展信用等级评价，同时充分发挥群众监督举报的绿色通道作用，形成多层次、多渠道、多元化的信用评价体系。

社会诚信体系建设是一个需要社会多方力量齐心协力、久久为功才能不断完善起来的系统工程，需要我们每一个人的自律自觉才能真正实现，这就需要我们每一个社会公民心存敬畏，敬畏自然规律，敬畏社会规则，做一个诚实守信的合格公民，从而营造守信光荣，失信可耻的社会文化氛围，为经济的高质量发展提供高质量的文化软环境。

（人民论坛网 2019 年 9 月 11 日）

优化营商环境　为经济高质量发展创造新动能

习近平总书记多次在不同场合强调营商环境的重要性。2017年，习近平总书记强调，要改善投资和市场环境，加快对外开放步伐，降低市场运行成本，营造稳定公平透明、可预期的营商环境，加快建设开放型经济新体制，推动我国经济持续健康发展。2018年11月1日，习近平总书记在民营企业座谈会上讲话中，提出要抓好六个方面政策举措，为民营经济营造更好的发展环境，帮助民营经济解决发展中的困难，支持民营企业改革发展，变压力为动力，让民营经济创新源泉充分涌流，让民营经济创新活力充分迸发。同年11月5日，在首届中国国际进口博览会开幕式上的主旨演讲中，习近平总书记强调，营商环境只有更好，没有最好。

营商环境是指伴随企业活动整个过程的各种周围境况和条件的总和。良好的营商环境是经济软实力的重要体现，是经济高质量发展的重要影响因素。营商环境是否健康，将直接影响一个地区投资者投资的意愿、热情和动力，直接影响一个地区经济发展能否高质量运行。稳定公平透明、可预期的营商环境，是经济高质量发展的重要支撑。风清气正的政商关系、公平正义的法治氛围、诚实守信的人文素养、创新发展的科技实力、绿水青山的自然生态，这些是良好营商环境的重要组成部分。

风清气正的政商关系是良好营商环境的核心要素。政商关系的质量直接或间接影响着投资经营的成本和收益。如何把握好政商合作的度，正确处理政商关系，是助力经济高质量发展最为核心的影响因素。习近平总书记用"亲"与"清"两个字来概括新型政商关系。对领导干部而言，所谓"亲"，就是要坦荡真诚同民营企业接触交往，特别是在民营企业遇到困难和问题的情况下更要积极作为、靠前服务，对非公有制经济人士多关注、多谈心、多引导，帮助其解决实际困难。所谓"清"，就是同民营企业家的关系要清白、纯洁，不能有贪心私心，不能以权谋私，不能搞权钱交易。对民营企业家而言，所谓"亲"，就是积极主动同各级党委和政府及部门多沟通多交流，讲真话，说实情，建净言，满腔热情支持地方发展。所谓"清"，就是要洁身自好、走正道，做到遵纪守法办企业、光明正大搞经营。"官""商"交往要有道，相敬如宾，而不要勾肩搭背、不分彼此，要划出公私分明的界限。"亲"与"清"两个字为良好政商关系的构建指明了方向，提供了根本遵循。

公平正义的法治氛围是良好营商环境的基本保障。法治能依法平等保护各类市场主体的合法权益，保障市场主体平等享受权利、平等把握机会、平等面对竞争。"法治是最好的营商环境。"这是 2019 年 2 月 25 日习近平总书记在中央全面依法治国委员会第二次会议上深刻阐述的重要论断。自党的十八大以来，以习近平同志为核心的党中央全面推进依法治国，以强有力的法治举措推动营商环境不断优化，为经济的高质量发展提供了坚强的法治保障。

诚实守信的人文素养是良好营商环境的文化内涵。"诚者，天之道也；思诚者，人之道也。"诚信，是经济高质量发展的基本保障。不断健全社会诚信体系建设，以此来净化市场环境，提高企业发展质量，实现质量增长、效益增长和动能转换，从而推进整个国民经济发展的转型升级，是经济高质量发展的必然要求。在中国古代社会，于明清时期崛起的徽商能取得令人惊叹的成绩，与其把诚信作为商业道德的核心要素是密不可分的。市场经济是诚信经济。诚信是企业进行一切经营行为的底线。人是经济活动的主体，经济的高质量发展离不开人的高素养。"诚信"是立身之道、兴业之道、治世之道，是立身处世的基本道德要求。人无信不立，业无信不兴。诚实守信是为人的根本，如果没有诚信，也就失去了做人的根基，而一个缺少诚信环境的社会显然是难以营造出清朗的营商环境的。

  创新发展的科技实力是良好营商环境的有力支撑。21世纪是信息化时代。信息科学技术广泛地渗透到社会生产生活的每个领域并深刻地影响和改变着全球的经济结构以及人们的生产生活方式。良好的营商环境离不开创新科技的有力支撑，大数据、云计算、物联网等信息技术为良好营商环境的构建提供了高效便捷的公共服务平台。自党的十八大以来，我国科技投入的产出质量和效率大幅提升，不断推动科技资源与产业融合发展，科技创新带给经济发展的红利持续释放。

  绿水青山的自然生态是良好营商环境的宝贵财富。"宜业"与"宜居"往往是投资者考虑的两大主要投资因素。绿水青山就是金山银山。良好的自然生态是人们幸福生活的增长点，是最普惠的民生福祉，是经济高质量发展的重要根基。面对资源约束趋紧、环境污染严重、生态系统退化的严峻形势，党的十八大报告将生态文明建设列入经济社会发展的战略布局。习近平总书记强调，良好生态环境是经济社会持续健康发展的重要基础，要把生态文明建设放在突出地位，把绿水青山就是金山银山的理念印在脑子里、落实在行动上，统筹山水林田湖草系统治理，让祖国大地不断绿起来、美起来。

  营商环境的优化与良好营商环境的维护是一个长期的系统工程，需要各方力量团结一心，需要各行各业齐心共建，需要政商各界及广大群众久久为功。在经济发展全球化的背景下，我们要深刻领会良好营商环境的意义与价值，下大力气，找准"堵点"和"痛点"，为经济高质量发展创造新动能。

（人民论坛网2019年9月16日）

让文化"软实力"成为经济高质量发展"硬支撑"

党的十九大报告明确指出,我国经济已由高速增长阶段转向高质量发展阶段。经济高质量发展的影响因素是多方面的,既有经济发展状况、经济结构、居民收入、消费者结构等经济因素,也有文化、教育、思想观念、行为习惯等非经济因素。其中,文化对经济发展的影响是最为深刻最为根本的。习近平总书记在2019年召开的亚洲文明对话大会上发表主旨演讲时指出,应对共同挑战、迈向美好未来,既需要经济科技力量,也需要文化文明力量。

实现中国梦,是物质文明和精神文明均衡发展、相互促进的结果。没有文明的继承和发展,没有文化的弘扬和繁荣,就没有中国梦的实现。提高国家文化软实力,是我们党和国家的一项重大战略任务。自党的十八大以来,习近平总书记多次在不同场合就国家文化软实力问题阐发了一系列重要论述,提出了相关要求,指明了发展方向。习近平总书记指出,提高国家文化软实力,关系"两个一百年"奋斗目标和中华民族伟大复兴中国梦的实现。无论走多远,飞多高,作为中华儿女,我们都应传承好、发扬好我们的文化内涵,坚守文化本根,坚定文化自信,以深厚的文化底蕴推动经济持续稳定健康发展。

马克斯·韦伯曾经说过:"如果说我们能从经济发展史中学到什么,那就是文化会使局面变得几乎完全不一样。我们应从更广泛的经济繁荣的决定因素来理解文化的作用。"文化对经济发展起着重要的促进、引导和支撑作用。信息化时代，在经济全球化发展的背景下，各国各地区经济实力的竞争越来越取决于文化软实力的竞争，文化已经成为推动经济发展转型升级的强大内生动力。因此，要促进经济高质量发展，就必须从根本抓起，就必须从最深层次的问题抓起，相应地提升文化软实力这一核心竞争力。而文化软实力的提升，应从中国特色社会主义制度、中国优秀传统文化、社会主义核心价值观这三个主要方面着手，与时俱进，让文化发展紧跟时代前进的步伐，与时代的发展变迁同频共振，遥相呼应。

（人民论坛网 2019 年 9 月 18 日）

教育的智慧在于唤醒

教育目的是教育的核心问题,是国家对教育培养人的总的要求,它规定了人才的质量和规格,对教育工作具有全程性的指导作用。那么,教育的根本目的到底是什么?我们往往很少会静下心来认真地思考这个问题。

德国著名教育家第斯多惠认为,"教育的艺术不在于传授的本领,而在于激励、唤醒和鼓舞";德国著名教育学家斯普朗格认为,"教育的最终目的不是传授已有的东西,而是要把人的创造力量诱导出来,将生命感、价值感唤醒";德国著名哲学家雅斯贝尔斯认为,"教育本质上意味着一棵树摇动另一棵树,一朵云推动另一朵云,一个灵魂唤醒另一个灵魂。如果教育未能触及人的灵魂,未能引起人的灵魂深入的变革,那就不能称其为教育";革命导师马克思认为,"教育绝非单纯的文化传递,教育之为教育,正是在于它是一种人格心灵的唤醒。因此说教育的核心所在就是唤醒"。

教育的根本目的在于唤醒,唤醒孩子们潜在的自我教育、自我管理、自我创造、自我发展的无限潜能。教育的智慧就在于,唤醒孩子们爱的能力,唤醒孩子们求知的欲望,唤醒孩子们的灵性……

但是,反观我们目前的教育,注重教育的工具理性而忽视教育的价值理性的现象却依然时有发生。甚至有的人还认为学校就是个标准化的生产工厂,

思考的力量

学校教育的目的就是把人训练成有用的工具。虽然国家一直强调学生的全面发展,大力倡导素质教育,但依然存在着把教育的工具理性和价值理性割裂开甚至是对立起来的个别现象,依然在一定程度上存在着忽视对学生情感与精神的培养,忽视对学生灵性与创造性的激发,忽视对学生成长的引导,而更多注重的只是学习成绩如何、升学率怎样等认知偏差。

教育应该有自己的独立性和坚定性,而不应偏离教育的本真目的沦为经济的附庸工具,我们应该把教育的工具理性和价值理性有机统一起来,理解学生,尊重学生,爱护学生,提升和发展学生的自身价值,把学生的全面发展和个性发展紧密结合起来,这样孩子们才能快乐地健康成长成才。这就需要我们的教育真正树立以学生为本的教育观,立足于唤醒、激发、鼓舞学生内在潜能,启发引导学生,让学生真正成为学习的主体,成为思考的、探究的、体验的、创造的主体。唯有这样,教育才可能真正触及受教育者的灵魂深处,教育的启发与引导功能也才可能有发挥作用的本源和根基,教育才能真正唤醒学生内心沉睡的力量和自我教育、自我管理、自我创造、自我发展的无限潜能。就像卢梭在其著作《爱弥儿》中所说的那样:"什么是最好的教育?最好的教育就是无所作为的教育:学生看不到教育的发生,却实实在在地影响着他们的心灵,帮助他们发挥了潜能,这才是天底下最好的教育。"

(人民论坛网 2019 年 9 月 24 日)

用汗水浇灌收获　以实干笃定前行
——有感于习近平主席 2020 年新年贺词

岁月不居，时节如流。寒暑轮替，草木荣枯。时间的刻度，清晰记录了社会进步和时代变迁，有力见证了凝结着新时代奋斗者心血和汗水的伟大成就，彰显了不同凡响的中国风采、中国力量和中国智慧。在 2019 年和 2020 年交替的时间节点上，我们回首过去，展望未来。2019 年，我们用汗水浇灌收获，以实干笃定前行。2020 年，前人擘画的美好蓝图，即将由我们亲手实现。

天道酬勤，日新月异。有付出，就会有收获。2019 年，我们锐意推进改革，共同战胜了各种困难和挑战，广大人民群众有了更多获得感、幸福感、安全感。高质量发展平稳推进，我国国内生产总值预计将接近 100 万亿元人民币、人均将迈上 1 万美元的台阶。三大攻坚战取得关键进展。京津冀协同发展、长江经济带发展、粤港澳大湾区建设、长三角一体化发展按下快进键，黄河流域生态保护和高质量发展成为国家战略。全国将有 340 个左右贫困县摘帽、1000 多万人实现脱贫。嫦娥四号在人类历史上第一次登陆月球背面，长征五号遥三运载火箭成功发射，雪龙 2 号首航南极，北斗导航全球组网进入冲刺期，5G 商用加速推出，北京大兴国际机场"凤凰展翅"……这些成就是全国各族人民撸起袖子干出来的，是新时代奋斗者挥洒汗水拼出来的。

"只争朝夕，不负韶华""用汗水浇灌收获，以实干笃定前行"是习近平主席在2020新年伊始表达的对广大人民群众满怀深情的鼓舞、激励和期盼，也是习近平主席满怀深情回望奋斗、满怀热情致敬奋斗、满怀激情呼唤奋斗的真情流露。习近平主席满怀信心寄语亿万人民勇敢踏上新时代同心共筑中国梦的崭新征程。

"功崇惟志，业广惟勤。"2019年的充实与坚定，是全国各族人民用汗水浇灌出来的，是新时代奋斗者以实干笃行拼搏出来的。习近平总书记指出，只有奋斗的人生才称得上幸福的人生。在习近平主席的讲话中，我们不难发现，"实干"的使命担当是始终不变的主题。从"实干兴邦"，到"埋头苦干"，到"撸起袖子加油干"，到"一起拼搏，一起奋斗"，再到2020年新年贺词里的"用汗水浇灌收获，以实干笃定前行"，"坚决干""抓紧干""同心干"始终是习近平主席一直以来对我们的勉励和期望。

未来的美好明天需要我们以奋斗者的姿态，用"汗水"和"实干"去积极践行。时光的年轮不停地旋转，光阴的脚步无声无息地流逝。站在新时代的崭新起点上，我们应该以坚如磐石的信心、只争朝夕的劲头、坚韧不拔的毅力，在奋斗中释放激情，在追逐中实现梦想，在改革的道路上迈出崭新的步伐。

（人民论坛网2020年1月7日）

向世界展示一个文明开放包容的中国
——有感于习近平主席2020年新年贺词

文明因多样而交流，因交流而互鉴，因互鉴而发展。在2020年新年贺词中，习近平主席回顾了2019年第二届"一带一路"国际合作高峰论坛、北京世界园艺博览会、亚洲文明对话大会、第二届中国国际进口博览会四大主场外交活动，向世界展示了文明开放包容的中国方案和中国形象，表达了风雨同舟、患难与共的中国主张，传递了天下一家、和而不同的中国声音，展现了天下为公的国际视野与立己达人的博大胸襟，彰显了亲仁善邻、协和万邦的大国责任与大国担当。

"海纳百川，有容乃大。"一个国家、一个民族的发展与进步，从来都离不开包容与开放。我们应该以海纳百川的宽广胸怀打破文化交往的壁垒，以兼收并蓄的态度汲取其他文明的养分。面对古今中外多元文化的交织与碰撞，既以中国文化底蕴作为我们自己文化发展的根基，同时又在中西历史文化之间、古今艺术形式之间寻找文化灵感、谋求文化创新，不断为文化发展补充新鲜血液、注入崭新活力，是我们中华民族一直以来的文化自信和文化自觉。自古以来，中华文明就在继承创新中不断发展，在应时处变中不断升华。中华文明是在同其他文明不断交流互鉴中形成的开放体系，始终在兼收并蓄中历久弥新。

翻开上下五千年的华夏史册,我们会发现,中华大地自古至今就不乏兼容并蓄之大气:古丝绸之路历来被认为是人类文明交流互鉴最为耀眼的舞台;56个民族的平等友爱、相互交流、团结互助、勠力同心,昭示着我国地域文化的多样性以及"多元一体"的文化发展格局和民族特色;"肯德基"的"中西融合菜"、"茶餐厅"的"土洋结合"、"中西双厨"的"西学东渐",展现了多重文化元素彼此协调并融为一体的餐饮文化魅力;鸟巢、水立方,体现了西方建筑文化被中国建筑文化吸收、改造的本土化成果……这些糅合东西方文化精华,将古今中外文化元素与内涵完美融于一体的文化混搭,记录了一个个华洋交织的文化印记,展现了中华民族经世致用、会通古今中西的文化真性情,彰显了创新发展中的大国文化自信。

"履不必同,期于适足;治不必同,期于利民。"开放包容、和而不同是文明发展的本质要求。习近平主席曾深刻指出,世界上没有放之四海而皆准的发展道路。只有能够持续造福人民的发展道路,才是最有生命力的。习近平主席还强调,一切美好的事物都是相通的。人们对美好事物的向往,是任何力量都无法阻挡的。我们既要让本国文明充满勃勃生机,又要为他国文明发展创造条件,让世界文明百花园群芳竞艳。在经济建设方面,习近平主席强调,在当今世界经济风起云涌、风险挑战凸显的形势下,我们同在一条船上,一起谋划发展合作,具有特别的意义。合作还是对抗?开放还是封闭?互利共赢还是零和博弈?如何回答这些问题,关乎各国利益,关乎人类前途命运。在文化交流方面,习近平主席强调,要尊重世界文明多样性,以文明交流超越文明隔阂、文明互鉴超越文明冲突、文明共存超越文明优越。

"天行有常","应之以治则吉"。当今世界,开放包容、多元互鉴是主基调,相互联系、相互依存是大潮流,和平、发展、合作、共赢是主旋律。我们只有应势而为,顺势而动,充分尊重世界文明的多样性,不断以更加开放的姿态拥抱世界、以更有活力的文明成就贡献世界,不断加强世界上不同国家、不同民族、不同文化的交流互鉴，携手同行、同舟共济、协调行动，夯实共建亚洲命运共同体、人类命运共同体的人文基础和经济基础，才能收获世界家园更加灿烂美好的幸福明天，才能创造人类的美好未来。

（人民论坛网 2020 年 1 月 8 日）

爱国主义精神构筑起民族的脊梁
——有感于习近平主席 2020 年新年贺词

"2019 年,最难忘的是隆重庆祝新中国成立 70 周年。我们为共和国 70 年的辉煌成就喝彩,被爱国主义的硬核力量震撼。""爱国主义情感让我们热泪盈眶,爱国主义精神构筑起民族的脊梁。"在 2020 年的新年贺词中,习近平主席充分肯定了爱国情感和爱国精神在民族伟大复兴中的震撼力量。

2019 年,"雄安新区画卷徐徐铺展,天津港蓬勃兴盛,北京城市副中心生机勃发,内蒙古大草原壮美亮丽,河西走廊穿越千年、历久弥新,九曲黄河天高水阔、雄浑安澜,黄浦江两岸物阜民丰、流光溢彩……祖国各地一派欣欣向荣的景象"。2019 年,新中国成立 70 周年的"阅兵方阵威武雄壮,群众游行激情飞扬,天安门广场成了欢乐的海洋。大江南北披上红色盛装,人们脸上洋溢着自豪的笑容,《我和我的祖国》在大街小巷传唱","这一切,汇聚成礼赞新中国、奋斗新时代的前进洪流,给我们增添了无穷力量"。在 2020 年的新年贺词中,习近平主席饱含深情地回顾一个又一个展现祖国风采、描绘爱国之情的精彩瞬间与美丽画卷。

"人生自古谁无死?留取丹心照汗青。"习近平主席在主持召开文艺工作座谈会并作重要讲话时引用了这句经典,指出在社会主义核心价值观中,最

爱国主义精神构筑起民族的脊梁

深层、最根本、最永恒的是爱国主义。习近平主席强调,爱国主义是中华民族精神的核心。爱国主义是亘古长青的主题。拥有家国印记的人、事、物,总是最能触及中华儿女的灵魂深处,也总是最能感召中华儿女团结奋斗的巨大精神力量。

爱国主义是中华儿女最自然、最朴素的情感,是始终把中华民族坚强团结在一起的精神力量。中华民族是富有爱国主义光荣传统的伟大民族,爱国主义在历史长河中已深深植根于中华儿女心中。爱国主义一直是中华民族形成发展和伟大祖国团结统一的强大凝聚力。无论世事怎样变迁,爱国主义始终是中华民族的精神支柱,祖国母亲始终是中国人民最坚实的依靠。中华民族的爱国主义精神,有着深厚的历史、文化和情感积淀,已成为流淌在中华儿女血液里的精神基因。5000多年来,因为有着深厚持久的爱国主义传统,中华民族经受住了无数难以想象的风险和考验。

"风萧萧兮易水寒,壮士一去兮不复还"的荆轲,"路漫漫其修远兮,吾将上下而求索"的屈原,"王师北定中原日,家祭无忘告乃翁""位卑未敢忘忧国""夜阑卧听风吹雨,铁马冰河入梦来"的陆游,"了却君王天下事,赢得生前身后名。可怜白发生!"的辛弃疾,威震倭寇的戚继光,"人生自古谁无死,留取丹心照汗青"的文天祥等仁人志士,都分别以不同方式表达了古人朴素的家国情怀。

梁启超以诗句"辜负胸中十万兵,百无聊赖以诗鸣"表达了面对列强宰割、阴霾四布的神州大地恨不能从军杀敌的呼唤与呐喊;鲁迅21岁时就立下了"我以我血荐轩辕"的誓言,表达了"以身许国"、誓为中华民族的前途而献出自己心血和生命的壮志;周恩来总理在少年时就立下了"为中华之崛起而读书"的鸿鹄之志。

今天,中国特色社会主义进入了新的发展阶段,近代以来久经磨难的中华民族实现了从站起来、富起来到强起来的历史性飞跃。在新的历史条件下,爱国主义被赋予新的内涵和时代价值。实现中华民族伟大复兴的中国梦,是当代中国爱国主义的鲜明主题。"2020年是具有里程碑意义的一年。我们将全面建成小康社会，实现第一个百年奋斗目标。2020年也是脱贫攻坚决战决胜之年。冲锋号已经吹响，我们要万众一心加油干，越是艰险越向前。"实现中华民族伟大复兴是中华民族近代以来最伟大的梦想。只要我们永不动摇信仰，只争朝夕，不负韶华，用汗水浇灌收获，以实干笃定前行，我们就能无往而不胜，就能以自己的最大智慧、力量、心血，做出无愧于历史、无愧于时代、无愧于人民的业绩。

（人民论坛网 2020 年 1 月 9 日）

初心和使命是我们走好新时代长征路的不竭动力
——有感于习近平主席 2020 年新年贺词

习近平同志在作党的十九大报告时指出，中国共产党人的初心和使命，就是为中国人民谋幸福，为中华民族谋复兴。不忘初心，牢记使命，高举中国特色社会主义伟大旗帜，是新时代走好长征路的根本要求。

在 2020 年新年致辞中，习近平主席饱含深情地谈道，"我沿着中国革命的征程砥砺初心。从江西于都红军长征集结出发地到河南新县鄂豫皖苏区首府革命博物馆，从甘肃高台西路军纪念碑到北京香山革命纪念地，每个地方都让我思绪万千，初心和使命是我们走好新时代长征路的不竭动力"。

不忘初心、牢记使命，是激励中国共产党人抓住机遇、应对挑战的根本动力。不忘初心，方得始终。马克思主义认为，设想世界历史会一帆风顺、按部就班地向前发展，那是不辩证的、不科学的，在理论上是不正确的。风雨苍茫、岁月沧桑。"历史的道路并不是涅瓦大街上的人行道"，实现民族复兴的征程，"有风平浪静，也有波涛汹涌"。当前，国内外形势正在发生深刻复杂变化，我们正处在全面建成小康社会决胜阶段，正处于从发展中大国迈向社会主义现代化强国的关键时期，前景十分光明，但挑战也十分严峻。新时代实现民族复兴面临的挑战是多方面的，既要面临来自国内经济、政治、社会、自然生态的挑战，同时也要面临来自国际经济、政治等多方面多领域的挑战。面对挑战，"我们要万众一心加油干，越是艰险越向前"。"为中国人民谋幸福，为中华民族谋复兴"的初心和使命，是激励一代代中国共产党人前赴后继、英勇奋斗的根本动力。中国共产党成立至今近百年的风雨历程表明，我们党正是因为坚守初心、勇担使命，团结并带领全国各族人民顽强奋斗，才解决了许多长期想解决而没有解决的难题，才办成了许多过去想办而没有办成的大事，才取得了辉煌的成就。

不忘初心、牢记使命，是中国共产党永葆生机活力的源头活水。中国共产党经历了腥风血雨的一次次洗礼却总是能绝境重生，越挫越勇，创造难以置信的奇迹，并带领中国人民迎来从站起来、富起来到强起来的伟大飞跃，其根本原因就在于不论是"河清海晏，时和岁丰"的风平浪静，还是"风卷江湖雨暗村，四山声作海涛翻"的狂风暴雨，中国共产党始终坚守为中国人民谋幸福、为中华民族谋复兴的价值追求毫不动摇。在新时代的长征路上，中国共产党人只有不忘初心才能行稳致远，只有牢记使命才能开辟通途。

不忘初心、牢记使命，是中国共产党新时代凝心聚力再出发的强劲动力。"2019年，我们用汗水浇灌收获，以实干笃定前行。高质量发展平稳推进，我国国内生产总值预计将接近100万亿元人民币、人均将迈上1万美元的台阶。三大攻坚战取得关键进展……"今天我们比历史上任何时期都更接近实现中华民族伟大复兴的目标。"2020年是具有里程碑意义的一年。我们将全面建成小康社会，实现第一个百年奋斗目标。2020年也是脱贫攻坚决战决胜之年。"历史是不断向前的，要到达理想的彼岸，就要沿着我们确定的道路不断前进。在新时代长征路上，我们只有以时不我待、只争朝夕的精神，不忘初心、牢记使命，始终坚持"为中国人民谋幸福，为中华民族谋复兴"的使命担当，"万众一心加油干，越是艰险越向前"，才能迎接挑战、战胜艰险，才能不断跨越前进道路上新的"娄山关""腊子口"，在实现中华民族伟大复兴的历史进程中走好新时代的长征路。

中华民族伟大复兴第一个百年目标的冲锋号已经吹响，无论是风平浪静，还是波涛汹涌，我们都要不惧风雨，不畏险阻，让初心薪火相传，把使命永担在肩，为实现广大人民群众的幸福美好生活，为实现中华民族伟大复兴的中国梦，"只争朝夕，不负韶华"，奋力走好新时代的长征路。

（人民论坛网 2020 年 1 月 10 日）

为民营经济高质量发展培育一方沃土

"高质量发展"是中国共产党第十九次全国代表大会首次提出的新表述,表明中国经济由高速增长阶段转向高质量发展阶段。民营经济是我国国民经济的重要组成部分。改革开放40多年来,民营经济获得了快速发展,在稳定经济增长、加快科技创新、增加就业机会、改进民生福祉、促进社会进步等方面发挥了十分重要的作用,对国民经济发展作出了积极贡献,产生了深远影响。据有关部门统计,截至目前,民营经济对国家财政收入的贡献占比已超过50%。可见,为民营经济高质量发展营造一方沃土,给民营经济健康发展保驾护航,是新时代确保国民经济高质量发展的重要内容和积极举措。习近平主席在给"万企帮万村"行动中受表彰的民营企业家的回信中强调,民营经济的历史贡献不可磨灭,民营经济的地位作用不容置疑,任何否定、弱化民营经济的言论和做法都是错误的。

"雄关漫道真如铁","人间正道是沧桑"。在2020年新年贺词中,习近平主席指出,"2020年是具有里程碑意义的一年。我们将全面建成小康社会,实现第一个百年奋斗目标。2020年也是脱贫攻坚决战决胜之年"。在民营企业座谈会上,习近平主席强调,在全面建成小康社会进而全面建设社会主义现代化国家的新征程中,我国民营经济只能壮大、不能弱化,不仅不能"离场",而且要走向更加广阔的舞台。习近平主席为民营经济高质量发展指明了前进方向,提供了根本遵循。脱贫摘帽奔小康,离不开经济的高质量发展,同时也离不开民营经济的高质量迈进。春华秋实,岁物丰成。时间是最忠实的记录者,记录下走过的奋斗足迹,时间也是最客观的见证者,见证了历史的华彩乐章。自党的十八大以来,从中央到地方砥砺奋进,攻坚克难,出实招、用实劲、求实效,我国经济高质量发展平稳推进,民营经济浓墨重彩、扬帆远航,在助力全面振兴、全方位振兴的历史进程中发挥了重要的积极作用。良好的民营经济营商环境、系统的民营经济制度建设、灵活的民营经济运行机制等软件建设和硬件建设正在日臻完善。在简政放权、减负强企、降本增效等一系列利好政策的支持下,民营经济在应对各种风险挑战中实现了持续稳定快速增长,市场活力不断被激发,经济发展取得突破性进展。

前途光明,道路曲折。唯物辩证法认为,事物发展的道路是曲折的,是前进性与曲折性相统一的矛盾运动过程。社会发展,没有一条道路是没有风雨没有坎坷的。民营经济的高质量发展同样也需要一个不断完善、逐渐成熟的曲折运动过程。九万里风鹏正举,新征程砥砺初心。目前,民营经济在稳定向好发展的同时,在高质量发展的道路上依然存在着一些亟待解决的"痛点""堵点""拐点"。营商环境有待于进一步优化、体制机制建设的短板问题尚待有效破解,"卷帘门""玻璃门""旋转门"等现象仍时有发生,"税费重""融资难""回款难""转型难"等问题依旧不同程度地存在……在民营经济高质量发展的历史进程中,我们必须客观地直面问题,查找原因,对症下药,不断完善体制机制建设,为民营经济又好又快发展扫清障碍,培育一方沃土,让民营企业家在砥砺前行中不断增强信心、不断坚定信念,为经济高质量发展的"中国之治"贡献智慧与力量。

"小智治事,大智治制。""经国序民,正其制度。"支持民营经济高质量发展,优质的制度体系是最为重要的基础设施。不断完善民营经济高质量发展的制度建设是"正确之路""强国之路"。习近平总书记在中国共产党第十九次全国代表大会上的报告中强调，全面实施市场准入负面清单制度，清理废除妨碍统一市场和公平竞争的各种规定和做法，支持民营企业发展，激发各类市场主体活力。在世情、国情日新月异的时代背景下，进一步彰显社会主义制度的优越性，筑牢民营经济发展的制度之基，是当下和未来民营经济得以发展壮大的根本保证。

"治民无常，唯法为治。""立善防恶谓之礼，禁非立是谓之法"，法"制治于未乱，保邦于未危"，法以"唯奉三尺之律，以绳四海之人"，"治国无其法则乱"，若怠惰忽略，则必乱其政。法制化进程和法治化程度，是社会文明进步与否的显著标志与重要尺度，更是经济、文化、社会等方面良性发展的重要保障。市场经济的本质是法治经济，民营经济的高质量发展离不开强有力的法治支撑。营造良好的法治环境是保障民营经济健康有序发展的重要力量。自党的十八大以来，以习近平同志为核心的党中央高瞻远瞩、明辨大势、统筹规划，以前所未有的高度谋划法治，以前所未有的广度、深度和力度严格践行法治，为经济、文化、社会发展等方面的良序运行与健康发展开辟了前所未有的崭新境界。

"居必择乡，游必就士。"荀子认为环境对人有重要影响，他认为良好的环境可以使人远邪近正，修身立德。"盘圆则水圆，盂方则水方。"社会环境于企业家和企业"譬犹练丝，染之蓝则青，染之丹则赤"。伟大的革命导师马克思和恩格斯也曾经说过，人创造环境，同样环境也创造人。风清气正的社会环境和舆论氛围，是民营企业家和民营企业健康茁壮成长的丰富养料与肥沃土壤。而经济发展良好的社会环境和健康舆论氛围的培育培养，离不开企业家精神的激发与保护，离不开企业家精神的大力弘扬。自党的十八大以来，习近平总书记在系列重要讲话中多次提及"企业家精神"，这充分体现了以习近平同志为核心的党中央高度重视"企业家精神"在治国理政中所发挥的重要作用。习近平总书记强调，"我们全面深化改革，就要激发市场蕴藏的活力。市场活力来自于人，特别是来自于企业家，来自于企业家精神"，"企业家是经济活动的重要主体,要深度挖掘优秀企业家精神特质和典型案例,弘扬企业家精神,发挥企业家示范作用,造就优秀企业家队伍""我们要理解企业家、尊重企业家、爱护企业家、支持企业家"。

"长风破浪会有时,直挂云帆济沧海。"风雨同舟写历史,团结奋进著华章。"一切伟大成就都是接续奋斗的结果,一切伟大事业都需要在继往开来中推进。"社会主义是干出来的,新时代也是干出来的。高质量发展的道路上没有捷径可走,我们只有只争朝夕,不负韶华,用汗水浇灌收获,以实干笃定前行,民营企业家在不断成长的道路上才能够更加坚定中国特色社会主义道路自信、理论自信、制度自信、文化自信,民营企业家和民营企业才会随着良好制度环境、公正法治环境和清新社会环境的不断培育与不断培养,走向更加宽广的舞台,展现更加亮丽的风采,谱写更加华丽的篇章,携手共创新时代新长征路上更加璀璨美好的明天!

(人民论坛网 2020 年 1 月 14 日)

永葆党的政治本色　在革故鼎新中创造美好未来

全面从严治党是党的十八大以来党中央作出的重大战略部署，是"四个全面"战略布局的重要组成部分，也是全面建成小康社会、全面深化改革、全面依法治国顺利推进的根本保证。

2020年1月13日，习近平总书记在十九届中央纪委四次全会上发表重要讲话时强调，要一以贯之、坚定不移全面从严治党，坚持和完善党和国家监督体系，强化对权力运行的制约和监督，确保党的路线方针政策贯彻落实，为决胜全面建成小康社会、决战脱贫攻坚提供坚强保障。1月8日，在"不忘初心、牢记使命"主题教育总结大会上的讲话中，习近平总书记强调，全党同志必须始终保持崇高的革命理想和旺盛的革命斗志，用好批评和自我批评这个锐利武器，驰而不息抓好正风肃纪反腐，不断增强党自我净化、自我完善、自我革新、自我提高的能力，坚决同一切可能动摇党的根基、阻碍党的事业的现象做斗争，荡涤一切附着在党肌体上的肮脏东西，把我们党建设得更加坚强有力。

2020年是具有里程碑意义的一年。我们将全面建成小康社会，实现第一个百年奋斗目标。2020年也是脱贫攻坚决战决胜之年。"大鹏之动，非一羽之轻也；骐骥之速，非一足之力也。"脱贫摘帽奔小康，需要汇集和激发近14

亿人民的磅礴力量。习近平总书记曾经说过，"最伟大的力量是同心合力"。打铁必须自身硬。党要团结带领广大人民群众进行伟大斗争、推进伟大事业、实现伟大梦想，就要深入推进新时代党的建设新的伟大工程，就必须毫不动摇坚持和完善党的领导，毫不动摇地进一步增强党的凝聚力、战斗力、领导力和号召力。

自党的十八大以来，党的凝聚力充分彰显。习近平主席在2020年新年贺词中这样回顾我们在过去一年的时间里取得的累累硕果：高质量发展平稳推进，我国国内生产总值预计将接近100万亿元人民币、人均将迈上1万美元的台阶。三大攻坚战取得关键进展。京津冀协同发展、长江经济带发展、粤港澳大湾区建设、长三角一体化发展按下快进键……风雨同舟写历史，团结奋进著华章。人民群众凝聚起来的磅礴伟力是同心共筑中国梦的核心力量。今天，中国取得的令世人瞩目的发展成就，是全国各族人民同心同德、同心同向努力的结果，是我党凝聚力的有力见证。

当今时代，我们比历史上任何时期都更接近中华民族伟大复兴的目标，比历史上任何时期都更有信心、有能力实现这个目标。新时代走好新长征路，不断跨越前进道路上新的"娄山关""腊子口"，需要我党不断荡涤一切附着在党肌体上的肮脏东西，不断增强党的凝聚力和战斗力。一个政党，只有不断去杂防尘，始终保持纯洁性，才能不断增强执政能力，才会焕发勃勃生机与崭新活力。从嘉兴南湖上的扁舟争渡，发展到今天掌舵民族复兴的航船，党带领广大人民群众不断从胜利走向新的胜利，一个主要原因就是我们是一个敢于直面问题、勇于修正错误的党，是一个能够不断荡涤一切附着在党肌体上的肮脏东西的先进的党、纯洁的党、伟大的党。

全面从严治党永远在路上。我们党面临的"四大考验"是长期的、复杂的，面临的"四种危险"是尖锐的、严峻的，党内存在的思想不纯、政治不纯、组织不纯、作风不纯等突出问题尚未得到根本解决。"成绩不说跑不了，问题不说不得了。"坚持问题导向是马克思主义的鲜明特点，也是共产党人一以贯之的价值选择。直面问题，不讳疾忌医，体现了我们共产党人的政治勇气和政治担当。面临考验与危险，增强问题意识，强化问题导向，保持战略定力，推动全面从严治党向纵深发展，荡涤一切附着在党肌体上的肮脏东西，是坚决打赢脱贫攻坚战，全面建成小康社会的必然要求。

马克思主义哲学认为，任何事物的发展，都是内因和外因共同作用的结果。如何荡涤一切附着在党肌体上的肮脏东西，保持党的先进性和纯洁性，不断增强党拒腐防变能力，需要从内和外两方面着手努力。一方面是要不断强化"自律"机制。"勇于自我革命，是我们党最鲜明的品格，也是我们党最大的优势。"坚持党要管党、从严治党，坚持强化思想理论武装和严格队伍建设相结合，不断增强党自我净化、自我完善、自我革新、自我提高的能力，是我党永葆先进性和纯洁性的根本。另一方面是要善于利用"他律"力量。"观于明镜，则瑕疵不滞于躯；听于直言，则过行不累乎身。"这就需要我们充分发挥互联网等新兴媒体在促进反腐倡廉建设中的积极作用，通过党务公开、政务公开等具体举措，为社会监督提供更多渠道、创造更大空间，强化不敢腐的震慑，扎牢不能腐的笼子，增强不想腐的自觉。

2020年，前人擘画的美好蓝图，即将由我们亲手实现。站在新时代的崭新起点上，我们只有以奋发有为的奋斗姿态和越是艰险越向前的斗争精神，以永远在路上的坚定与执着，不断荡涤一切附着在党肌体上的肮脏东西，铲除寄生在党的肌体上的毒瘤，永葆党的肌体健康，永葆党的政治本色，才能确保党的旺盛生命力和强大战斗力，才能为决胜全面建成小康社会、决战脱贫攻坚提供坚强保障，才能在改革的道路上迈出崭新的步伐，在革故鼎新中不断开辟美好未来。

（人民论坛网 2020 年 1 月 16 日）

勤俭节约　珍视有限资源

为号召人们勤俭节约以共同应对日益严重的资源危机，联合国把每年的10月31日确立为"世界勤俭日"。可见，"勤俭节约"已然成为一个大家普遍关注的世界话题。据相关研究显示，有四分之一的世界人口正生活在水资源极度紧张的区域。资源紧缺，越来越成为世界性难题。当今，面对自然资源的日益匮乏，我们应该大力弘扬勤俭节约的优良传统，珍视有限资源，为子孙后代留下宝贵的自然资源，为世界的健康可持续发展贡献积极力量。

"一粥一饭，当思来之不易；半丝半缕，恒念物力维艰。""历览前朝国与家，成由勤俭败由奢。"勤俭节约是一种淡泊简朴的生活习惯，更是一种精神文明，也是我们中华民族千百年来的优秀传统美德。从古代的"静以修身，俭以养德"，到革命战争时期物质资源匮乏时的"新三年，旧三年，缝缝补补又三年"，再到现如今物质产品丰富多样化时代背景下的"绿色出行""低碳生活""极简生活"，勤俭节约作为强大的精神力量，一直是我们中华民族恪守的做人准则和修身养性之道，始终激励着我们顽强进取、百折不挠、不断走向胜利。

勤俭节约是难能可贵的个人品质和道德修养，体现了一个人高尚的情操，与个人得失休戚相关。"学问勤中得，富裕俭中来。"不懂勤俭，铺张浪费、奢靡享乐，挥霍的不仅是物质财富，更会侵蚀人的精神世界。俗话说"勤俭是幸福之本，浪费是贫困之苗"。"知足是天然的财富，奢侈是人为的贫困。""俭则可以成家，俭则可以立身。"王安石就有"豪华尽出成功后，逸乐安知与祸双"的诗句。但社会上依然存在一些战胜不了一己贪欲而身败名裂的个案。"骄纵生于奢侈，危之起于细微。"这些个案都从反面印证了贪婪奢侈不思节俭的危害。思想是行动的先导，思想若是被贪婪的欲望占据了，人就容易变成贪欲的奴隶与附庸，从而迷失人生方向，甚至有的可能还会因此而做出一些违法乱纪的事情。

勤俭节约的美德对于社会发展和国家强大也是大有裨益的。勤俭节约是修身、齐家、治国的基本要求，也是经济建设和事业发展的基本原则，同时也是当今社会发展的必然诉求。习近平总书记强调，不论我们国家发展到什么水平，不论人民生活改善到什么地步，艰苦奋斗、勤俭节约的思想永远不能丢。

"俭，德之共也；侈，恶之大也。"个人的发展，社会的进步，民族的昌盛，都离不开勤俭节约的道德自省自律。面对国内外能源、资源紧缺的严峻形势，自党的十八大以来，以习近平同志为核心的党中央提出了"努力建设美丽中国，实现中华民族永续发展"的目标任务，提倡艰苦奋斗、勤俭节约。习近平总书记强调，要大力弘扬中华民族勤俭节约的优秀传统，大力宣传节约光荣、浪费可耻的思想观念，努力使厉行节约、反对浪费在全社会蔚然成风。

艰苦奋斗、勤俭节约，不仅是我们一路走来、发展壮大的重要保证，也是继往开来、再创辉煌的重要保证。富裕决不应成为我们铺张浪费的"借口"。在物质产品日益丰富多样的今天，我们提倡勤俭节约，并不是说要我们再次回到从前那种节衣缩食、食不果腹的穷苦生活，而是要我们懂得爱惜资源、爱惜自然环境和劳动成果，抵制过度消费，把勤劳朴素、节约自律作为内心的一种自觉的精神追求，要有过"苦日子"和"紧日子"的忧患意识，多一些自警自励，多一些未雨绸缪。精打细算，才能油盐不断；粮收万石，也要粗茶淡饭。不管是一寸钢、一粒米、一尺布、一分钱，咱们都要用得巧。在新时代的长征路上，我们应居安思危，一如既往地大力弘扬中华民族"克勤于邦，克俭于家"的优良传统，在艰苦奋斗、勤俭节约的实际行动中开创美好未来。

（人民论坛网 2020 年 1 月 19 日）

◆ 思考的力量

理性面对 打赢疫情防控"心理战"

近日,国务院应对新型冠状病毒感染的肺炎疫情联防联控机制发布《关于设立应对疫情心理援助热线的通知》(以下简称《通知》)。《通知》要求,为做好防控疫情的社会心理服务工作,向公众提供心理支持、心理疏导等服务,预防与减轻疫情所致的心理困顿,防范心理压力引发的极端事件,各地要在原有心理援助热线的基础上设立应对疫情心理援助热线。《通知》明确,每条热线至少开通2个座席,结合本地公众需求提供24小时免费心理服务。

身体健康和心理健康之间总是彼此联系、互相影响的。"神静而心和,心和而形全",积极健康的心理状态,有益于身体健康;"神躁则心荡,心荡则形伤",消极不健康的心理状态,则不益于身体健康。同样,生理机能的异常状态也会导致心理的变化。可见,打赢疫情防控战,具备良好的心理状态也是非常重要的。

随着新型冠状病毒感染的肺炎疫情的发展,面对确诊病例的增加以及单位、社区、超市对民众健康状况的网格化管理和细致调查,紧张、焦虑甚至恐慌等不良情绪日益显现。不可否认,从心理学的角度来讲,适度的负面情绪在一定程度上也存在一定的价值,比如适度的紧张和适度的焦虑在某种程度上有助于激发我们前进的动力以及提高我们自我保护的能力。但事物是辩证的，凡事都有两面性，凡事都该把握好度，切忌过犹不及。因过于紧张而导致反复不停洗手的过度反应，因焦虑而想找人大吵一架甚至想大打出手的内心冲动，因恐慌而逃避正常工作的消极应对等，这些不良情绪和过度反应不但不利于我们的身体健康，而且在一定程度上也扰乱了我们的生活和工作节奏。

面对疫情，我们要调整好心态，积极理性应对。首先，要充分了解关于新型冠状病毒防护的相关知识与技巧，尽力做好相应的准备，增加抵抗病毒的能力，以减少因各种不确定性带来的过度紧张和过度焦虑；其次，面对来自各方的有关疫情的信息，要客观理性地看待，提高辨别力，以减少不实信息的错误干扰和不良影响；最后，要坚定信念，对自己能够坚强地渡过这一难关要有信心，对党和国家能够带领我们最终战胜病毒充满信心。

历史长河奔腾不息，有风平浪静，也有波涛汹涌。只要万众一心，众志成城，就没有我们中国人民克服不了的困难。面对疫情，我们要以良好的心态，要有坚定的信心打赢这场疫情防控阻击战！

（人民论坛网 2020 年 2 月 7 日）

疫情防控关键时刻要加强心理疏导

随着新型冠状病毒肺炎疫情的发展,面对确诊病例的增加以及单位、社区、超市对民众健康状况的网格化管理和细致调查,紧张、焦虑甚至是恐慌等不良情绪也日益显现。目前是疫情防控的关键时刻,需要人们身体免疫力的提高,同时也需要心理承受力的加强。古语曰:"抱神以静,形将自正。必静必清,无劳汝形,无摇汝精,乃可以长生"。"神静而心和,心和而形全;神躁则心荡,心荡则形伤。"提供及时的心理援助,加强心理疏导,是打赢这场疫情防控阻击战的重要一环。自新型冠状病毒肺炎疫情发生以来,人们的心理健康问题越来越受到党和国家的高度重视以及社会各界的普遍关注。

中共中央政治局常务委员会于2020年2月3日召开会议,听取中央应对新型冠状病毒感染肺炎疫情工作领导小组和有关部门关于疫情防控工作情况的汇报,研究下一步疫情防控工作。会议指出,要加强心理干预和疏导,有针对性地做好人文关怀。这为我们打赢疫情防控"心理战"提供了重要指导。目前,为有效减轻公众的心理困惑和不适,国务院应对新型冠状病毒感染的肺炎疫情联防联控机制已发出《关于设立应对疫情心理援助热线的通知》,国家卫健委已组织专家团队编写了《新型冠状病毒感染的肺炎疫情紧急心理危机干预指导原则》,各级地方政府也纷纷积极响应,多措并举贯彻落实相关精神指示，为民众提供心理援助，加强心理疏导。

一个人的心理健康状况是内因与外因共同作用的结果。做好疫情防控的心理援助，有效加强心理疏导，防范化解疫情可能带来的社会心理问题，需从个体和社会两个层面综合开展工作。

就个体层面而言，需建立起积极成熟的心理防御机制。面对疫情，我们可从认知、情绪、行动等方面建立起积极成熟的心理防御机制，客观认识了解疫情、了解自己的身心健康状况，学习身心调节的方式方法和技巧，平稳积极地度过疫情防控这段时期。就认知方面，应尽量避免带着过度消极的心态去大量阅读负面报道，这样比较容易陷入不合理认知，从而导致过度紧张、焦虑和恐慌的不良情绪。我们要转变不科学的认知方式，要客观看待疫情的发展，既要看到疫情严重的一面，从而高度重视，积极防护，但与此同时，我们也要看到政府出台的相关政策、采取的积极举措，看到全国人民众志成城抗击疫情的巨大力量和丰硕成果，要对党和国家能够带领我们最终战胜病毒充满信心。就情绪方面，要把握好紧张、烦躁、恐惧等情绪性应激反应的度，通过适当转移注意力、与亲朋好友沟通等健康合理的宣泄方式排解释放负面情绪。就行动方面，一方面，应采取积极的行动做好疫情防护工作，既保护好自己，同时也尽力为他人和社会做好疫情防护贡献积极力量；另一方面，积极以多种方式投入工作状态，为社会发展贡献自己的一份力量，这样既为社会创造了价值，同时也增强了自己面对疫情防控的参与感和安全感。

就社会层面而言，需建立起立体的社会支持系统。心理健康的维护是一个内部因素和外部因素共同作用的过程，除了从个体层面注重抗击疫情的心理调适，还需建立起立体的、多维的社会支持系统，营造积极健康的社会精神舆论氛围。首先，要充分发挥社会各方作用，为心理援助提供坚强保障。如充分调动家庭、社区、其他社会组织等多方力量，形成打赢疫情防控"心理战"的合力。其次，多措并举，多管齐下。如开通心理健康24小时咨询热线，制定并发放相应的心理调适指导手册等。最后，有针对性地提供具体的心理疏导方案，为加强心理疏导工作提供可操作性强的指导意见。如针对确诊患者、疑似病例、从事疫情防控的现场工作人员以及和确诊患者或疑似病例有过密切接触的亲友及其他人员等不同对象的心理需求开展相应的心理疏导工作，从而提高心理干预和疏导的效率及水平。

"积力之所举，则无不胜也。"在"全国一盘棋"的疫情防控系统工程中，在社会各方力量的积极参与和共同努力下，全方位、立体化、全覆盖的心理干预和疏导机制正在形成，只要我们万众一心，众志成城，越是艰险越向前，就一定能够战胜病毒，最终打赢这场疫情防控阻击战。

（人民论坛网2020年2月10日）

面对大自然，人类应保持一颗敬畏之心
——抗击疫情期间的一点感悟

2020年2月24日下午，十三届全国人大常委会第十六次会议举行闭幕会。会议表决通过全国人大常委会关于全面禁止非法野生动物交易、革除滥食野生动物陋习、切实保障人民群众生命健康安全的决定。这不仅有利于回应社会重大关切，为维护公共安全和生态安全提供法律保障，也有利于提升我国良好的国家形象。

习近平总书记于2018年4月10日在博鳌亚洲论坛2018年年会开幕式上的主旨演讲中强调，面向未来，我们要敬畏自然、珍爱地球，树立绿色、低碳、可持续发展理念，尊崇、顺应、保护自然生态……习近平总书记于2018年5月4日在纪念马克思诞辰200周年大会上的讲话中再次强调，自然物构成人类生存的自然条件，人类在同自然的互动中生产、生活、发展，人类善待自然，自然也会馈赠人类，但"如果说人靠科学和创造性天才征服了自然力，那么自然力也对人进行报复"。自然是生命之母，人与自然是生命共同体，人类必须敬畏自然、尊重自然、顺应自然、保护自然。

"人法地，地法天，天法道，道法自然。"这个"道"就是客观规律。"道法自然"揭示了宇宙万物均遵循"道"的"自然而然"规律。人受制于地，地受制于天，天受制于规律，规律受制于其本身。"道"作为最一般规律，贯穿于宇宙、社会和人生之中。人类只有把握了道，才能真正把握真理。老子"道法自然"的哲学理念的伟大之处，就在于其为人类治身和治国提供了可遵循的标准。

　　人生活在天地宇宙之间，真正的自由必须建立在对客观规律的认识、尊重与顺应基础之上。"自由是对必然的认识和对客观世界的改造。"自由从来都不是绝对的，总是受制于对客观规律的把握和遵循，总是在处理人与自然、与社会、与人自身的具体关系中得以展现。在马克思和恩格斯看来，人类社会的发展是以认识和尊重自然规律为前提和基础的。"自由就在于根据对自然界的必然性的认识来支配我们自己和外部自然。"马克思主义告诫人们要虔诚地面对自然并对之怀有敬畏之情，要警惕自然界的报复。无视规律、违背规律的人是愚昧的，也是野蛮的，必然会受到规律的惩罚，因此，人类应自我克制不断膨胀的私欲，对自然界怀有一颗敬畏之心。

　　自古以来，人们都非常重视对野生动物的保护。秦国的《田律》是我国最早的生态环境保护法。而且关于拒食野味，在我国古代的药学经典中也早有记载。在《本草纲目》中就提到诸多野生动物不可食用，比如穿山甲（鳞鲤），"性味咸、寒，有毒，其肉甘、涩，味酸，食后慢性腹泻，继而惊风狂热"。在《礼记》当中也记载了许多食用野生动物的禁忌以及一些动物的食用特性。这些自古就有的野生动物保护措施及饮食禁忌，是古人以简单直白的方式表达对自然界的敬畏。

　　尽管人类文明程度不断提升，仍然有个别人认为吃野味是一种时髦，是地位、身份甚至是财富的象征，是"高贵典雅"之举！这种饮食陋习，表面上看是不健康的心理在作祟，而究其深层次的原因，则是对自然规律缺乏充分的认识和准确的把握，对自然界缺乏敬畏之心，对自己缺乏自律。

　　心存敬畏，行有所止。对于规律，对于自然，我们要知古鉴今、心存敬畏。避免无知者无畏的盲动和自我伤害。"天人合一"是我们中华民族的古老智慧，对大自然心存一颗敬畏之心，对生命心存一颗敬畏之心，对规律与规则心存一颗敬畏之心，才能在充满物欲诱惑的纷繁世界中始终保持安然恬淡的心态，才能做到百毒不侵！

（人民论坛网 2020 年 2 月 26 日）

■ 思考的力量

打赢疫情防控阻击战需要科技支撑

习近平总书记在北京考察新冠肺炎防控科研攻关工作时强调,"最终战胜疫情,关键要靠科技"。"人类同疾病较量最有力的武器就是科学技术,人类战胜大灾大疫离不开科学发展和技术创新"。

科技是第一生产力。科技兴则民族兴,科技强则国家强。科技在今天是我们的思维方式,也是我们的生产生活方式,是人类智慧的结晶。习近平总书记强调,防控新冠肺炎疫情斗争有两条战线,一条是疫情防控第一线,另一条就是科研和物资生产,两条战线要相互配合、并肩作战。

"知己知彼,百战不殆。"科技的本质就是要探索事物之间的彼此联系,探索其规律性并运用于实际。相对于人类目前已有的认知,新型冠状病毒是一种全新的病毒,只有尽快揭示病毒的本来面目、摸清传播传染途径,才能为疾病预防、诊治排查、疫苗研发、药物使用以及政策安排等提供科学参考与技术指导。因此,要想取得这场战"疫"的最终胜利,就要加快药物研发进程,坚持中西医结合、中西药并用;就要加快推进已有的多种技术路线疫苗研发;就要统筹病毒溯源及其传播途径研究。

"小智治事,大智治制。""经国序民,正其制度。"这场疫情防控是一场总体战,需要协调各方力量,是国家治理能力和治理水平的综合体现。疫情防控体制机制体系的逐步建立与不断完善是打赢疫情防控总体战的基础，是正确之路。因此，要想取得这场战"疫"的最终胜利，就要把生物安全作为国家总体安全的重要组成部分，就要完善关键核心技术攻关的新型举国体制，就要加快补齐我国高端医疗装备短板，就要坚持开展爱国卫生运动。

"繁霜尽是心头血，洒向千峰秋叶丹。"自疫情发生以来，全国科技战线积极响应党中央号召，有关部门积极组织科研攻关，科学家们怀着浓厚的家国情怀，凭借深厚的学术造诣，以顽强的意志力和斗争精神，夜以继日，只争朝夕，短短一个多月时间内就取得了疫情防控的积极科技进展，从分离出首株新型冠状病毒毒株到建立动物模型，从研发出"新型冠状病毒检测试剂盒"到进一步研发出"一步法病毒 RNA 提取试剂"……不断探索与病毒较量的科学方法，为疫情防控提供了有力科技支撑。

病毒无国界，科技也无国界。习近平总书记指出，公共卫生安全是人类面临的共同挑战，需要各国携手应对。当前，新型冠状病毒肺炎疫情在多个国家出现，疫情防控的科技支撑，需要加强同世界卫生组织沟通交流，需要国际社会通力合作，为推动构建人类命运共同体贡献智慧和力量。

（人民论坛网 2020 年 3 月 3 日）

疫情防控阻击战的民本温度

庚子新春,突如其来的新型冠状病毒肺炎疫情打破了节日的气氛,一场全国人民总动员的疫情防控人民战争、总体战、阻击战正秩序井然地有力开展着。

"人民是共和国的坚实根基,人民是我们执政的最大底气。"判断一个政党的性质,最主要的是看它代表谁的利益,为谁服务。"始终要把人民放在心中最高的位置""始终把人民群众生命安全和身体健康放在第一位""坚持以人民为中心的发展思想""紧紧依靠人民群众,坚决把疫情扩散蔓延势头遏制住"……中国共产党始终代表中国最广大人民的根本利益。

我们党在不同历史时期,总是根据人民意愿和事业发展需要,提出富有感召力的奋斗目标,团结带领人民为之奋斗。"牢牢把握我国发展的阶段性特征,牢牢把握人民群众对美好生活的向往。"带领人民群众过上幸福美好的生活,是我们党始终不渝的奋斗方向,是我们党孜孜以求的价值取向。

自新型冠状病毒肺炎疫情暴发以来,党中央始终积极践行以人民为中心的执政理念,一直把民生保障放在重要位置,就疫情防控期间的民生保障问题做出了一系列重要指示和战略部署,体现了以人民为中心的根本立场和目标追求。对新型冠状病毒肺炎患者,实行分级分类诊断救治,实现确诊者应收尽收，对重症、危重症病例集中救治、全力救治，特别是密切关注孕产妇、婴幼儿等病例。对于人民群众的民生问题，注意做好保障和改善民生工作，及时回应社会关切和舆论关注。加强水电气热等城市"生命线"维护，保障城市正常运行。坚决打击哄抬物价、囤积居奇、趁火打劫等违法犯罪行为。

中国共产党人的初心和使命，就是为中国人民谋幸福，为中华民族谋复兴。近段时间以来，各级地方政府积极响应党中央坚定信心、同舟共济、科学防治、精准施策的总要求，把防控力量向社区下沉，使所有社区成为疫情防控的坚强堡垒。并相继出台相关政策，对重要防疫物资实行国家统一调度，建立交通运输"绿色通道"，多措并举保障疫情严重地区医用物资和生活物资的供应；为保障市民"米袋子""菜篮子"安全，抓好农副产品生产、流通、供应组织工作，从而保障了全国生活必需品市场总体稳定。

"积力之所举，则无不胜也。众智之所为，则无不成也。""人民利益高于一切。"目前，在党中央的坚强领导下，在全国各族人民的共同努力下，疫情防控工作正在紧张有序地进行着，全国治愈出院新冠肺炎病例不断增多，全国新增确诊病例明显下降。除了湖北省以外的全国其他各省份均已部署安排企业复工复产。在中国共产党民本价值追求的鼓舞和感召下，我们有理由坚信，只要万众一心，众志成城，越是艰险越向前，就没有我们迈不过去的坎，就一定能迎来疫情防控阻击战的最终胜利。

（人民论坛网 2020 年 3 月 6 日）

传承雷锋精神　凝聚抗疫力量

2020年3月5日是第57个"学雷锋纪念日"。57年来,雷锋精神已经成为全民族公认的一种美德,融入了中华民族的血液和灵魂。"雷锋精神是永恒的,是社会主义核心价值观的生动体现。"雷锋精神的核心是信念的能量、大爱的胸怀、忘我的精神、进取的锐气,这也正是我们民族精神的最好写照,是我们民族的脊梁。对雷锋的最好纪念,就是以实际行动继承与弘扬雷锋全心全意为人民服务,为了人民的事业无私奉献的忘我精神。

在这场全国人民总动员的疫情防控人民战争、总体战、阻击战中,雷锋精神熠熠生辉,凝聚磅礴力量。一张张朴实无华的可爱面孔,一桩桩感人至深的先进事迹,一个个可亲可敬的高尚灵魂……无时无刻不在感动着我们、温暖着我们、激励着我们,在疫情防控中传递着温暖与力量。

在抗击新型冠状病毒肺炎疫情的第一线,无数医务工作者、解放军官兵、党员干部……义无反顾无畏无惧地冲锋在前,以实际行动诠释了大爱逆行者的忘我精神。科研人员以顽强的意志力和斗争精神,夜以继日,只争朝夕研制疫苗。社区工作者、清洁工人、快递小哥……风雨无阻地坚守岗位,毫无怨言。志愿服务者们挺身而出,奔波劳碌,为人们送去温暖送去爱……他们以实际行动践行了雷锋精神,为阻击疫情贡献力量,使雷锋精神在疫情防控中熠熠生辉。

疫情就是命令，防控就是责任。勇敢逆行的白衣天使们，一直走在抗疫最前线，从未止步，从未退缩，他们诚挚的奉献和坚强的毅力是我们战胜病毒最好的精神支撑；当人们减少外出、足不出户、宅在家中时，千里铁道线上坚强勇敢的"铁路人"成为一个个"逆行"的钢铁战士，他们用辛劳守护着旅客安全，用责任与担当保证了交通运输的畅通。雷锋精神，人人可学；奉献爱心，处处可为。疫情防控期间，社会各界爱心人士和众多民间组织纷纷伸出援助之手，积极捐款捐物，为战"疫"一线人员提供援助。关键时期，互联网也成了疫情防控中弘扬与践行雷锋精神的坚强阵地。众多志愿者通过网络直播、网络连线等方式进行在线讲解、心理疏导、相关知识咨询……他们冲破时空的阻隔传递着爱，传播弘扬着志愿服务精神……

"一滴水只有放进大海里才永远不会干涸，一个人只有当他把自己和集体事业融合在一起的时候才能最有力量。"（《雷锋日记》节选）雷锋是时代的楷模，雷锋精神是永恒的。雷锋精神是新中国成立以来一直熏陶鼓舞中国人的精神。面对来势汹汹的新型冠状病毒，雷锋精神的种子在这个抗击疫情的庚子新春生根发芽、开花结果，熠熠生辉，感染着、鼓舞着亿万中国人民只争朝夕，不负韶华，越是艰险越向前，激励着广大人民群众在这场与时间赛跑，与病毒较量的伟大斗争中团结一心，众志成城。"一朵鲜花打扮不出美丽的春天，一个人先进总是单枪匹马，众人先进才能移山填海。"（《雷锋日记》节选）以实际行动让雷锋精神薪火相传是对英雄最好的礼赞。在雷锋精神的指引下，让我们守望相助，共克时艰，早日取得疫情防控斗争的全面胜利。

（人民论坛网 2020 年 3 月 7 日）

铿锵玫瑰逆风绽放
——向"疫"战中的巾帼英雄致敬！

　　庚子新春，突如其来的新型冠状病毒肺炎疫情打破了节日的气氛，一场全国人民总动员的疫情防控人民战争、总体战、阻击战正秩序井然地有力开展着。"每临大事有静气，攻坚克难无性别。"柔肩亦担重任，巾帼不让须眉。在时代的舞台上，女性的身影从未缺席。在这场没有硝烟的战争中，在医务工作者、公安民警、党政干部、社区工作者、志愿者等奋斗在抗战一线的大爱逆行者中，女性占据了相当的比重，发挥着不可替代的巾帼力量，撑起了疫情防控的半壁江山，展现了铿锵有力的巾帼担当。

　　疫情就是命令，防控就是责任。面对来势汹汹的病毒，白衣天使们断然剪去一头秀发，穿着层层叠叠的防护装备，一连几个小时奋战在抗"疫"一线不吃不喝。困了累了，就倒在地上睡一会儿接着再干。因为长时间戴着防护口罩，她们脸部都不同程度出现压痕，还有的脸部有不同程度的皮肤压伤，留下一道道"天使印记"。她们不能陪伴在孩子身边，不能与家人团聚，她们舍小家为大家，以辛勤与汗水，换来病人的微笑与希望，以自己的血肉之躯，为我们的身体健康和生命安全筑起一道道坚不可摧的屏障。面对肆虐的病毒，她们是守护我们生命安全的美丽天使，以无私的爱与奉献，以柔情似水的关怀抚慰了一颗颗紧张、焦虑、恐惧的心。她们是星空中闪烁的星光，以深厚的专业知识和纯熟的专业技能，点亮了战胜病毒的希望。她们用心、用情感动着、温暖着我们身边的每一个人。

"人类战胜大灾大疫离不开科学发展和技术创新。"女科学家们深入疫情严重地区收治新型冠状病毒感染者最多的医院进行实地调研，对疫情做出专业性预判。她们在实验室不分昼夜地与病毒打交道，与病毒较量，与时间赛跑，逆行而动，奔跑在坎坷的赛道上。她们身着厚重的防护服，每次实验工作几乎都要持续几个小时，不能吃不能喝，甚至不能上卫生间，就这样以艰苦的付出和顽强的毅力为我们战胜病毒赢得了时间，带来了希望。她们怀着浓厚的家国情怀，凭借深厚的学术造诣，以顽强的意志力和斗争精神，夜以继日，只争朝夕，不断探索与病毒较量的科学方法，为疫情防控提供了有力的科技支撑。

在这场惊心动魄的疫情防控阻击战中，还有一个个默默无闻奋战在社区、志愿服务、后勤保障等岗位上的巾帼英雄，用柔弱的身躯扛起疫情防控的神圣职责。她们不惧风险，逆行而上，风雨无阻地坚守岗位，奔波劳碌，以踏实肯干的韧劲为人们送去温暖送去爱，以责任与担当为打赢疫情防控阻击战贡献积极力量。她们是这场战役中一道亮丽的风景线。

"休言女子非英物，夜夜龙泉壁上鸣。"在这场没有硝烟的疫情阻击战中，铿锵玫瑰们不畏风险，奔走在疫情防控的最前沿，逆风美丽绽放。她们以温柔细致的工作态度守护着广大群众的健康安全，以忠于职守和无私奉献的奋斗姿态筑起疫情防控的防火墙，她们任劳任怨、恪尽职守，用艰辛和汗水书写着巾帼华章，用坚韧的毅力与执着的追求诠释着人生价值。她们是这场疫情阻击战中最美丽的逆行者，是这场战"疫"中不可或缺的中流砥柱。

今天正值"三八"妇女节，让我们向这些奋战在抗疫一线的巾帼英雄们

■ 思考的力量

致敬！有你们的执着与坚守，有"巾帼之花"的美丽绽放，我们一定会早日战胜病毒，迎来灿烂美好的春天！

（人民论坛网2020年3月8日）

致敬白衣战士，平安回家

家是遮风避雨的温馨港湾，是我们的归宿和依靠。

新春佳节，本应是合家团圆、喜乐祥和的幸福时刻。游子归家，亲人团聚，朋友相会，其乐融融。然而，一场突如其来的新型冠状病毒肺炎疫情却打破了庚子新春原本喜庆祥和的节日气氛。

疫情就是命令，防控就是责任。人民高于一切，生命重于泰山。面对来势汹汹的病毒，面对这次新中国成立以来在我国发生的传播速度最快、感染范围最广、防控难度最大的重大突发公共卫生事件，当我们还在与家人共享天伦的时候，全国各地成千上万的医务工作者为了守护人民群众的生命安全，却选择了披上白衣"战袍"，挺身而出，毫不犹豫地背起行囊，满载着亲人的嘱咐和期盼，义无反顾地踏上了舍命驰援湖北武汉的逆行之路。他们誓言，"黄沙百战穿金甲，不破楼兰终不还"。他们有的是在年夜饭的餐桌上匆匆与家人告别的，有的甚至都未来得及和家人道声别，说句话！

病毒无情，人间有爱，医者仁心。在国民有难的危急时刻，白衣天使们在战"疫"前线与肆虐的病毒"搏斗"，以血肉之躯筑起了生命安全的坚固堡垒。他们是战胜疫情的中坚力量，是火线上的中流砥柱。有的医务人员水土不服，有的带病仍要坚持工作，有的不幸被病毒感染，有的光荣牺牲……面对凶恶的病毒,他们不计报酬、不畏生死,夜以继日、默默坚守,他们在生死的边缘,与时间赛跑,与病毒较量,与死神博弈。每逢佳节倍思亲。医务工作者也是血肉之躯,可谓"人言落日是天涯,望及天涯不见家",人人皆有思乡之情,他们也会思念亲人,也渴望能够与家人团聚,共享天伦。他们也牵挂家中年迈的父母,牵挂家中的妻儿,牵挂家中的兄弟姐妹……然而,"舍小家,为大家"的家国情怀和使命担当使钢铁般的白衣战士们暂时放下思乡之情,几十天如一日地顽强坚守在战"疫"一线,没有一句怨言,没有一点胆怯,没有一丝退缩。哪里最危险,哪里就有他们的身影。他们用自己的舍弃与牺牲,换来更多家庭的团聚,以高尚的情操、精湛的医术,回应着祖国和人民的厚望,以感人的事迹和实际行动为"舍小家,为大家"增添了新的时代内涵,彰显了中国大爱。

越是艰险越向前。没有一个冬天不可逾越,没有一个春天不会到来,没有一场疫情不可战胜。在成千上万医务工作者和广大战"疫"一线群众的艰苦努力下,疫情防控形势逐步转好。完成救助任务的各地驰援医疗队也将分批离开。根据安排,3月17日,41支国家医疗队3675人已踏上返程。"没有热烈的告别仪式,没有夹道送行的人群。他们来的时候迅速又安静,离别的时候有序而从容。"这批医务人员在湖北武汉期间共支援当地14所方舱医院、7所定点医院。在这场没有硝烟的战"疫"中,医务人员以壮美的负重逆行,以义冲云天的豪迈之情,以不离不弃的职责坚守,以静盼团圆的忍耐与等待,守望春天,把医者仁心的光辉形象谱写在抗疫一线,为决战决胜疫情防控阻击战奠定了坚实基础。

病毒终会缴械投降,回家团圆的日子已近在眼前。在这次疫情大考中,白衣战士们不负重托,不辱使命,与奋战在抗疫一线的广大人民群众勠力同心,共克时艰,共同撑起了维护祖国人民身体健康与生命安全的一片天,交出了抗击疫情的完美答卷。"谢谢你们!""辛苦了!"是湖北网友最想对援鄂医务人员说的话。"谢谢你们,为我们拼过命!""湖北人民永不忘!""湖北人民感谢你们！""等疫情过去了，要请你们回来，再来好好看看武汉"……一句句质朴的话语，表达了湖北人民对曾经奋战在抗疫一线的白衣战士们的由衷敬意与无限感激，抒发了湖北人民对援鄂医务人员一颗颗饱含温度的感恩之心和亲人之情。

  谢谢你们，白衣战士与你们背后的家人！每位白衣战士平凡坚守的背后都有一个个默默付出，盼望平安归来的家。是你们"舍小家，为大家"的家国情怀与无私奉献，紧紧扼制了凶悍的病毒，驱散了疫情的阴霾，赢得了与新型冠状病毒肺炎疫情决战的阶段性胜利。你们不仅是家庭中平凡的一员，更是守护健康安全的生命防线人员。你们是"新时代最可爱的人""最大的功臣"。你们的大爱无私，大智大勇，肩负起了祖国和人民的重托，你们用生命践行初心使命，用实际行动书写了白衣战士抗击疫情的壮丽篇章，铺就了战"疫"英雄的凯旋路。"党和人民要给你们记头功。"

（人民论坛网 2020 年 3 月 18 日）

理性面对解封，用微笑迎接英雄的湖北人民

同舟共济扬帆起，乘风破浪万里航。"千人同心，则得千人之力；万人异心，则无一人之用。"面对来势汹汹的新型冠状病毒，全国人民同其心、一其力，共克时艰，终于取得了抗击疫情的阶段性胜利。

3月24日，湖北省新型冠状病毒感染肺炎疫情防控指挥部发布通告，从3月25日零时起，在做好健康管理、落实防控措施的前提下，对持有湖北健康码"绿码"的外出务工人员，经核酸检测合格后，采取"点对点、一站式"的办法集中精准输送，确保安全有序返岗。从4月8日零时起，武汉市解除离汉离鄂通道管控措施，有序恢复对外交通，离汉人员凭湖北健康码"绿码"安全有序流动。

"隔一座城，护一国人""武汉是英雄的城市，湖北人民、武汉人民是英雄的人民，历史上从来没有被艰难险阻压垮过。"面对封城，湖北人民、武汉人民识大体、顾大局，他们团结自律，主动配合，默默坚守。为阻断疫情，"护山河手足无恙"，湖北人民、武汉人民作出了积极贡献和巨大牺牲，却无怨无悔，积极乐观面对，彰显了同舟共济、守望相助的家国情怀。

然而，面对湖北的逐步解封，面对英雄的湖北人民、武汉人民，某些个别地方、个别人却谈鄂色变，避之唯恐不及。我们应该明白，"病毒"才是这

场战役中我们唯一、共同的敌人，而不是我们的同胞兄弟姐妹。为阻断新型冠状病毒蔓延扩散，湖北人民自动自觉以一己之力为全国人民筑起隔离屏障，他们是我们的亲人，这种至亲至真的手足情，是纯真的、高尚的、珍贵的，不能让少数人的偏见或偏激玷污了这份情感的圣洁。

正如习近平总书记所说："理想之光、信念之光，是前行路上的灯塔，也是奋发向上、开拓进取的指引。祖国是人民最坚实的依靠，英雄是民族最闪亮的坐标。"让我们在大灾大难面前仍然秉持"像石榴籽一样紧紧抱在一起"的民族团结信念，与英雄的湖北人民、武汉人民坚定地站在一起，与同胞兄弟姐妹栉风沐雨携手同程并行，奏响复工复产进行曲，将疫情带来的不利影响降至最低，共同迎接灿烂美好的明天。

（人民论坛网 2020 年 3 月 28 日）

慎终追远，心祭重于形祭

清明时节，礼敬祖先、慎终追远、思慰逝者，是中华民族千百年来流传的文化传统。

今年清明恰逢疫情防控期间，在4月1日举行的国务院联防联控机制新闻发布会上，民政部门部署了今年的祭扫安排，要求暂缓举办一些集体共祭活动，抓好现场祭扫管理，做到安全有序、绿色文明。民政部社会事务司副司长范瑜表示，今年清明祭扫实行限流预约等方式，此外将大力推广"云祭扫"（网络祭扫）等非现场祭扫方式，减少人员聚集。在是否提供现场祭扫服务方面，湖北等9个省份提出在全省范围内暂停殡葬服务机构的现场祭扫服务，其他省份有些地市也做了类似安排。在现场祭扫方面，很多地方都采取了预约、限流、分时、错峰措施，并设置了个人防护、场所消毒等方面的防控安排。

尊天道、法先祖的文化传承彰显的是磅礴的民族文化魅力。清明祭扫重在精神文化传承。清明节不仅要礼敬、怀念逝者，表达对祖先的"思时之敬"，同时也应在追思中深刻感悟生命的意义、人生的真谛，在感恩中传承责任、勇于担当。

清明节是饱含家国情怀的传统节日。清明祭扫是为了唤醒家族、民族、国家共同记忆的传统文化基因,今年的清明节尤为如此。岁末年初,一场新冠肺炎疫情突袭大江南北。抗击疫情,是今年举国同上的一堂感受生命、理解生命、珍惜生命、敬畏生命、尊重生命意义的刻骨铭心的"生命教育公开课",同时也是一场领悟人生道理的生动国民素质实践课。

舍生忘死护山河手足无恙。请"记住那些山河,那些闪光的人"。悼念那些在疫情中牺牲的人,感恩奋战在一线的钢铁战士以及积极配合的 14 亿华夏同胞。心祭重于形祭,生命至上。为守护我们的生命健康与安全,举国上下众志成城,共克时艰,有的甚至献出了宝贵的生命。在"外防输入、内防反弹"的疫情防控特殊时期,我们应珍惜英烈们用鲜血和汗水换来的来之不易的胜利成果,充分理解并积极配合政府的相关举措。毕竟文明祭扫,生者的健康平安,积极实现自我生命的最大价值,才是对逝者最好的缅怀与告慰。

(人民论坛网 2020 年 4 月 2 日)

清明，哀悼中凝聚力量

没有一个冬天不会过去，没有一个春天不会到来，没有一场疫情不可抗拒。为赢得这场疫情攻坚战的胜利，很多人选择勇敢"逆行"，同时间赛跑、与病魔较量、和死神博弈，日夜奋战在一线的兄弟姐妹们有的甚至为此不幸付出生命的代价。

在这缅怀先烈、祭奠逝者、追思故人的清明时节，为表达全国各族人民对抗击新冠肺炎疫情斗争牺牲烈士和逝世同胞的深切哀悼，国务院4月3日发布公告，决定今日举行全国性哀悼活动。在此期间，全国和驻外使领馆下半旗致哀，全国停止公共娱乐活动。今日10时起，全国人民默哀3分钟，汽车、火车、舰船鸣笛，防空警报鸣响。

这一刻，撕裂中国整个长空的悲号将响彻华夏大地，举国上下心心相依，通过庄重、肃穆的默哀仪式，以国家的名义集体向抗击新冠肺炎疫情斗争牺牲烈士和逝世同胞致哀，为手足至亲送行。发自内心的悲痛和感念成为此时此刻每个人生命的底色。愿所有不幸牺牲的生命和逝世同胞亡灵得到安息。这是民众发自肺腑的衷心之愿。让眼泪尽情流淌，让我们畅快释放内心的悲痛，尽力抚平心灵的创伤。

默哀，是对英雄烈士和逝世同胞的追思与告慰，是对生命的尊重与敬仰，是悲伤的表达。默哀时刻,让我们向不幸患难的烈士致敬,让我们虔诚地共同祭奠以牺牲生命为代价守护我们健康无恙的至亲至近的亲人们。

凶猛的病毒夺去了骨肉同胞的生命,带给国人无尽的伤痛与悲怆。面对病毒带来的沉痛灾难,面对一个个生命的逝去,草木为之含悲,山河为之色变,天地为之动摇。王兵、冯效林、江学庆、刘智明、李文亮、张抗美、肖俊、吴涌、柳帆、夏思思、黄文军、梅仲明、彭银华、廖建军……一个个闪亮的名字,照耀着人性的光辉;一个个鲜活的生命,让每个国人扼腕叹息;一张张可爱的面孔,让我们永生难忘;一幕幕舍生忘死的感人画面,永远镌刻在我们灵魂深处。在这个特殊的历史时刻,让我们祭奠亡灵,致敬烈士,感恩英雄。

默哀不仅表达对牺牲烈士和逝世同胞的追忆、缅怀、感恩之情,同时也是对生者精神的洗礼,伦理的熏陶,灵魂的慰藉与安顿,更是民族精神的文化锤炼与锻造,是社会集体沉思的庄严时刻。默哀,同时也应是悲伤者前行力量的萌发与凝聚。当下,抗击新冠肺炎疫情斗争仍然面临着"外防输入、内防反弹"的巨大压力,还有艰巨的防控任务和重重困难。14亿中华儿女应直面悲伤,化悲痛为越是艰险越向前的精神力量,挺起脊梁,团结一心,汇聚成坚韧不拔的中国精神,凝聚成无比强大的中国力量。这是我们抗击疫情的巨大精神源泉,也是我们中华民族历经无数惊涛骇浪却依然能够自强不息的强大精神基因和文化内核。

清明节是饱含家国情怀,唤醒家国记忆的传统节日。集体默哀,我们并不仅仅止于慎终追远的哀思,更应在"追远"的"思时之敬"中回望来时路,在记忆延续中深刻反思,我们不应只有肝肠寸断的哀伤,更应有历经磨难却依然坚韧不拔的顽强民族意志。对骨肉相连的同胞逝者、对英雄烈士们最好的缅怀与告慰,莫过于怀着一颗感恩的心铭记英烈,敬畏历史,在追思中寻找力量,在坚强面对中守护健康,守望生命、饱含希望、期许未来。

(人民论坛网 2020 年 4 月 4 日)

以平凡坚守　护一方平安
——致敬战"疫"一线的普通劳动者

美好的愿望与期许，只有通过劳动才能梦想成真；前进中的艰难与险阻，只有通过劳动才能破解跨越；生命里的一切成就与辉煌，只有通过劳动才能铸就。中华民族是热爱劳动的勤劳民族。面对病毒肆虐，华夏儿女用勤奋与坚守、用无畏与奉献奏响了一首首可歌可泣的劳动赞歌，书写了一个个感人的"中国故事"，创造了一个个令人震撼的"中国奇迹"，为全国疫情防控阻击战取得重大战略成果积蓄磅礴力量。

在疫情防控的特殊时期，维护城市正常运转面临诸多困难与挑战。为了让城市能够有序运行，为了维护城市的生机与活力，有这样一群普通人，他们不畏危险，日复一日地辛勤劳作是他们永不褪色的生命底色。他们以各自的方式坚守在平凡的岗位上，履职尽责，不离不弃，做默默奉献的后勤员，用辛勤与汗水为抗击疫情提供基础保障，用点滴的微弱力量构筑起阻击疫情的坚固城墙。他们携手并肩共同上演着一场守护城市健康与安全的"抗疫之战"，充分展现了新时代普通劳动者的责任担当与积极作为。

他们是社区工作者、人民警察、超市拣货员、垃圾清运工、外卖小哥、快递骑手……为筑起小区疫情防控的"防护墙"，社区工作者们起早贪黑、耐心解释、细致排查、默默地履行职责坚守黎明星夜，确保"不漏一户，不漏一家，不漏一人，不漏一车"的闭环管理，让小区居民住得安心、住得放心；为给市民街坊提供新鲜的瓜果蔬菜、生鲜食材等充足货源，超市拣货员们无怨无悔地奋战在人员最为密集的公共场所，不辞辛劳，承受着面对风险的心理压力，守好街坊邻里的"菜篮子""米袋子"；为确保洁净安全的生产生活环境，清洁工们在晨曦的辛勤劳作中迎接城市的黎明；为保障物资供应，快递小哥们穿梭于城市的街头巷尾，四处忙碌奔波……

他们是生活中既平凡又伟大的一个个普通人，他们像忘我的战士般毫不犹豫地冲锋在前，冒风雨，顶霜雪，"逆行"奋战在疫情防控一线的各个角落，用辛勤和汗水守护着城市跳动的脉搏，守护着祖国大地的万家灯火。他们是我们的兄弟姐妹、父老乡亲，亲切而又平凡。他们是我们的同事伙伴、亲朋好友，风雨同舟，共克时艰。

唯其艰难，才更显英勇；唯其笃行，才弥足珍贵。所有细微之下的努力与勤奋都蕴含着战胜疫情的巨大力量。疫情之下的普通劳动者，用朴实的行动诠释初心和使命，用辛苦的付出彰显责任与担当，默默无闻地为抗击疫情贡献着自己的光和热。这些平凡的普通人，守护着城市有序运转的基本细胞，输送着城市保持生机与活力的"氧气"。这些平凡的普通人是在非常时期守护我们健康与安全的英勇"战士"。他们用坚守与奉献维护城市的正常运转，用辛勤与汗水护佑我们一方平安，用忙碌与奔波带给我们无限温暖、力量与感动。他们是新时代最可爱、最可敬的人，他们在平凡的岗位上彰显了时代风采，他们在普通的劳动中展现了时代担当，他们在抗击疫情阻击战中绽放荣光。他们理应得到我们每个人的充分理解与真诚尊重，他们的工作理应得到我们每个人的积极配合与大力支持。

值此国际劳动节之际，让我们诚挚地向每位奋战在疫情防控平凡岗位上的普通劳动者致敬！

（人民论坛网 2020 年 5 月 1 日）

在战"疫"中磨砺出彩青春

在五四青年节到来之际，习近平总书记寄语新时代青年时强调，青春由磨砺而出彩，人生因奋斗而升华。青年是国家的中坚力量，是实现中华民族伟大复兴中国梦的先锋队和生力军，是走在时代前列的奋进者、开拓者和奉献者。国家富强、民族振兴、人民幸福是新时代青年必须肩负的责任与使命。青年一代有理想、有本领、有担当，国家就有前途，民族就有希望。

面对突如其来的新冠肺炎疫情，面对未知的病毒，面对"天将降大任于斯人"的时代使命，年轻的"90 后"迎难而上、挺身而出，在疫情防控斗争中舍生忘死，负重前行，用稚嫩的肩膀担负起用生命守护生命的时代责任与历史重任。他们义无反顾、拼尽全力，彰显了热血青春的蓬勃力量，展现了不畏艰险、勇于担当、探索创新的优良品格，以越是艰险越向前的进取精神和实际行动诠释了对祖国对人民的挚爱，以冲锋在前、舍我其谁、共克时艰的精神力量奏响了一曲曲乐于奉献、不怕牺牲的青春壮丽之歌。他们大力弘扬五四精神，开拓创新、奋发有为，在战"疫"中锤炼信仰、胆略和意志，在战"疫"中历练、蜕变和成长。他们是抗疫榜样精神的优秀注脚，用青春、汗水、知识和智慧将新时代青年的使命担当与光辉形象谱写在战"疫"一线。

战"疫"中彰显的青春力量在信念坚守中升华。"功崇惟志，业广惟勤。"

理想指引人生方向，信念决定事业成败。"志不立，天下无可成之事。"不忘初心，方得始终。心中有信仰，脚下才有力量。理想信念是安身立命的根本。没有牢不可破的理想信念，没有崇高理想信念的有力支撑，要取得疫情防控的胜利是不可想象的。面对来势汹汹的新冠肺炎疫情，年轻的"90后"把理想信念融入战"疫"之中，担负起时代赋予的光荣使命，奏响新时代的青春之歌。他们毅然放弃休假，写下请战书，按下红手印，以辛勤与汗水的负重前行换来岁月静好，以血肉之躯筑起守护生命的钢铁长城，以忘我工作、务实进取的敬业精神更好发挥表率作用。在这场没有硝烟的"战斗"中，一张张稚气未脱的可爱面孔，一个个感人肺腑的震撼画面，汇聚成磅礴的青春抗疫力量，在风雨中做到头脑始终清醒、立场始终坚定，展现了当代青年血脉中流淌的家国情怀和红色基因，诠释了他们对理想信仰的不懈追求与执着坚守。

战"疫"中彰显的青春力量在接续奋斗中展现。"少年负壮气，奋烈自有时。"细微之处见精神，艰难之时显品格。在抗击疫情的危难时刻，当代有志有为青年以接续奋斗的美丽姿态擦亮青春最亮丽的底色，不负韶华。"幸福生活是奋斗出来的。""凿井者，起于三寸之坎，以就万仞之深。"中华民族是具有伟大奋斗精神的民族，全国疫情防控阻击战取得重大战略成果就是由点点滴滴的努力奋斗汇聚而成的。面对凶猛的病毒，广大青年不驰于空想、不骛于虚声，他们立足于本职工作，履职尽责，让初心和使命与现实载体相结合，让中华民族千百年来积淀的奋斗精神与文化传统在疫情防控阻击战中接续传承。在抗击疫情的关键时刻，广大青年直面挑战、迅速行动，以"等不起"的紧迫感和"慢不得"的危机感与时间赛跑、与历史并进、与时代同频共振，以争分夺秒的中国加速度同病魔较量、与死神博弈，抢时间、赶进度、补损失，千方百计走在时间前面，紧紧扼住疫情蔓延的喉咙，把落下的进度赶回来，把疫情造成的损失夺回来，在平凡岗位上续写不平凡的抗疫故事，在甘于奉献、吃苦耐劳的奋斗拼搏中书写英勇抗疫的青春图谱，让伟大奋斗精神成为新时代的最强音。

战"疫"中彰显的青春力量在攻坚克难中闪光。"疾风知劲草,烈火见真金。""士不可以不弘毅,任重而道远。"面对突如其来的新冠肺炎疫情,全国各族青年积极响应党的号召,踊跃投身疫情防控人民战争、总体战、阻击战,不畏艰险、冲锋在前、真情奉献。面对重重困难与挑战,广大当代青年以逢山开路、遇水架桥的顽强意志,充分发扬越是艰险越向前的大无畏精神,闻令而动,坚韧不拔,不惧风雨,勇挑重担,奋发实干,厚植青春的蓬勃力量。他们冲锋在前,主动请缨上"战场",坚持啃最硬的骨头、挑最重的担子,不畏风险、勠力同心、共克时艰。艰难的抗疫历程和来之不易的抗疫阶段性成果,充分彰显了久经磨难的中华儿女有着同一切艰难险阻斗争到底的精神气概。

青年兴则国家兴,青年强则国家强。五四运动以来,百年风云际会,中国青年英才辈出。青年是最富活力、最具创造性的群体,是推动社会发展进步的重要力量。有理想、有本领、有担当的新时代青年以远大理想抱负、深厚家国情怀激扬奋斗精神,汇聚磅礴力量,在担当中锻炼自己,提升自己,奉献自己,让青春的蓬勃力量在不懈奋斗中绽放光芒,展现风采,为夺取疫情防控全面胜利和推动经济社会发展行稳致远砥砺前行、攻坚克难,奉献青春力量,无愧于时代感召、人民期望、历史重托。

(人民论坛网 2020 年 5 月 4 日)

传承南丁格尔精神　用生命践行初心使命
——致敬美丽逆行的白衣天使

2020年5月12日是第109个国际护士节。全国疫情防控阻击战取得的重大战略成果，离不开白衣天使们的日夜坚守，离不开白衣天使们黎明星夜的辛勤付出和救死扶伤的无私奉献，离不开南丁格尔精神的大力弘扬和积极践行。

爱心、耐心、细心和责任心是南丁格尔精神的基本内涵，不畏艰险、甘于奉献、救死扶伤、勇于献身是南丁格尔精神的实质，无私奉献是南丁格尔精神的精髓与核心。丰碑无语，行胜于言。在疫情防控阻击战中，白衣天使们是战"疫"中的英雄，是战"疫"中最可爱的人，他们用生命守护了人民的健康与安全，以实际行动生动诠释了新时代的医者风范和南丁格尔精神，用精神的力量磨炼意志，砥砺品质，锤炼作风，美丽逆行。

不畏艰险，迎难而上。"黄沙百战穿金甲，不破楼兰终不还。"无所畏惧彰显的是白衣天使的初心使命，毫不退缩彰显的是白衣天使的职责担当。面对来势汹汹的病毒，面对这次新中国成立以来在我国发生的传播速度最快、感染范围最广、防控难度最大的重大突发公共卫生事件，为了守护人民群众的健康与安全，白衣天使们纷纷写下请战书，按下红手印，剪掉一头秀发，披上白衣"战袍"，迎难而上，挺身而出，义无反顾地踏上了舍命护佑一方平安的逆行之路，展现了不畏艰险、勇于担当的进取精神，充分发扬了越是艰险越向前的大无畏精神。

甘于奉献，舍我其谁。"舍小家，为大家"的家国情怀和使命担当使钢铁般的白衣天使们几十天如一日地顽强坚守在战"疫"一线，没有一句怨言，没有一点胆怯，没有一丝退缩。哪里最危险，哪里就有他们的身影。他们用自己的舍弃与牺牲，换来更多家庭的团聚，以高尚的情操、纯熟的技能，回应着祖国和人民的厚望，在平凡岗位上续写不平凡的抗疫故事，在甘于奉献、舍我其谁的奋斗拼搏中书写英勇抗疫的壮丽篇章，以感人的事迹和实际行动为"舍小家，为大家"增添了新的时代内涵，彰显了中国大爱。

救死扶伤，医者仁心。病毒无情，人间有爱。医者仁心。在国民有难的危机时刻，白衣天使们在战"疫"前线与肆虐的病毒"搏斗"，以血肉之躯筑起了生命安全的坚固堡垒。他们是战胜疫情的中坚力量，是火线上的中流砥柱。有的护士水土不服，有的带病仍坚持工作，有的不幸被病毒感染，有的光荣牺牲……面对凶恶的病毒，他们不计报酬、不畏生死，夜以继日、默默坚守，他们在生死的边缘，与时间赛跑，与病毒较量，与死神博弈。

勇于献身，美丽逆行。"疾风知劲草，烈火见真金。"这场没有硝烟的战争，考验着每一位白衣天使。面对突如其来的新冠肺炎疫情，全国各地的白衣天使们积极响应党的号召，闻令而动，踊跃投身于疫情防控人民战争、总体战、阻击战，勇挑重担、冲锋在前、真情奉献。

白衣天使们"舍小家，为大家"的家国情怀与无私奉献，紧紧扼制了凶悍的病毒，驱散了疫情的阴霾，赢得了与新冠肺炎疫情决战的阶段性胜利。他们是守护健康安全的生命防线，是"新时代最可爱的人""最大的功臣"。他们的大爱无私，大智大勇，肩负起了祖国和人民的重托，他们用生命践行初心使命，用实际行动书写了白衣天使抗击疫情的壮丽篇章，充分彰显了新时代的南丁格尔精神。

（人民论坛网 2020 年 5 月 12 日）

两会召开彰显制度优势与治理效能
——2020 年全国两会系列评论

2020 年 5 月 21 日，全国两会即将拉开序幕。承载着全国人民的期盼和重托，几千名全国两会代表委员会聚北京共商国是、共谋大计，围绕人民群众最关心的问题群策群力、建言献策，更好地总结经验、凝聚社会共识。今年是中国决胜全面建成小康社会、决战脱贫攻坚之年，以及"十三五"规划收官之年。在疫情防控特殊时期召开两会，一方面进一步增强了全国人民复工复学复产的信心和动力，另一方面也彰显了中国特色社会主义的制度优势和治理效能。

党的十八大以来，以习近平同志为核心的党中央团结带领全国各族人民砥砺前行，推动党和国家事业取得历史性成就、发生历史性变革。近代以来久经磨难的中华民族迎来了从站起来、富起来到强起来的伟大飞跃，迎来了实现中华民族伟大复兴的光明前景。习近平总书记指出："这次抗击新冠肺炎疫情，是对国家治理体系和治理能力的一次大考。"当前，在中国共产党的坚强领导和广大人民群众携手抗疫的积极努力下，全国疫情防控阻击战取得重大战略成果。疫情防控取得的阶段性胜利以及两会的及时召开都表明，在这次疫情大考中，我国国家制度和国家治理体系发挥显著优势、激发强大效能，是战胜疫情的坚强保障。

衡量一种社会制度科学与否、先进与否，一个非常重要的标准就是要考察这一制度体系在应对重大突发公共危机事件时的能力和效果如何，能否做到以人民为中心，能否更大程度地保护民众，保障人民的生活质量。面对来势汹汹的疫情，在党中央的集中统一领导下，全国上下万众一心、众志成城，展现了全国一盘棋迅速行动起来形成合力，调动各方面积极性，集中力量办大事等多方面的显著优势，能够在紧要关头确保社会管理体系高速高效运转，确保广大人民群众的生产生活有序进行，确保社会秩序井然。

面对疫情，我们肩负着新的历史使命，也面临着新的风险、新的挑战、新的困难，必须做好更为充分的准备、付出更为艰苦的努力。只有制度更成熟、更强大，应对风险挑战才更有底气。在目前全球疫情肆虐的背景下，在常态化疫情防控的同时，我们依然能够确保两会成功召开，并以此为平台及时传递、表达、回应、关注广大人民群众的心声与诉求，凸显了中国特色社会主义的制度优势和治理效能，增强了全国人民复工复学复产的信心和动力。过去我们依靠制度优势战胜了许多艰难险阻，今天，两会的召开昭示着我们一定能够一如既往地发挥制度优势和磅礴力量取得这场疫情防控的胜利。

（人民论坛网 2020 年 5 月 20 日）

电商助力打通脱贫攻坚"最后一公里"
——2020年全国两会系列评论

2020年是全面建成小康社会目标实现之年，是全面打赢脱贫攻坚战收官之年。抗击疫情之下的脱贫攻坚必将是今年两会的重要议题。从解决温饱到摆脱贫困，从总体小康到全面小康，历史性地解决中华民族千百年来的绝对贫困问题，这将是前所未有的成就，足以彪炳史册。

党的十八大以来，以习近平同志为核心的党中央把脱贫攻坚摆到治国理政的突出位置，举全党全社会之力打响脱贫攻坚战。截至2019年底，农村贫困人口平均每年减贫1300万人以上，770个贫困县已经或拟摘帽退出，贫困发生率降至2%以下。

目前，脱贫攻坚到了攻坚拔寨、全面收官的阶段。然而，一场突如其来的新冠肺炎疫情，给我国经济社会发展带来诸多不稳定因素和负面影响，也给决战决胜脱贫攻坚工作带来了一系列新困难、新挑战和新问题。在全球疫情肆虐的背景下，如何充分认识决战决胜脱贫攻坚的重要性、艰巨性、紧迫性，千方百计巩固好脱贫攻坚成果，确保高质量高标准如期实现农村贫困人口全部脱贫，把乡村振兴这篇文章做好？现阶段又该着重从何处发力、怎样发力，实现脱贫攻坚战由"打赢"向"打好"转变，准时全面完成脱贫任务，让乡亲们生活越来越美好……这一系列问题是进入脱贫攻坚战关键时期，时代赋予我们的重大考题。

受新冠肺炎疫情影响，农产品线下流通渠道受阻问题较为突出，于是大量农产品供给转移至线上市场进行。作为新经济发展在互联网时代的新形态，电商具有广泛传播信息的功能，能够便捷快速地在贫困户和消费者之间搭建起信息交流和商品交易的桥梁与平台，并且具有消费体验丰富、服务内容优质、供货方式便捷等优点，已然成为人们生活的重要组成部分，越来越受到消费者和商家的青睐。随着互联网技术在贫困地区的普及和发展，电商平台在打通脱贫攻坚"最后一公里"的攻坚决战中大有可为，能更为有效地提升贫困人口经济收入，能够切实加快脱贫奔小康的发展步伐。

疫情发生以来，为纾解经营困难，各地政府部门纷纷应势而动开启了异地带货模式，与新闻媒体、电商、网络主播合作，通过网络直播、电商平台等渠道直播卖农产品，为自家产品实力"打CALL"，形成了一股脱贫攻坚的新风尚。据新闻报道，深圳市宝安区新安街道创新性地推出了深圳市首个街道"异地带货"扶贫助农项目，帮助对口帮扶的车田镇官天岭村和共和村搭建微店平台，通过电商打通贫困村农产品销售渠道，促进农副产品销售，帮助群众脱贫致富。推动"异地带货"助农扶贫是近年来新安街道帮扶工作的一个缩影，取得了显著的脱贫效果。电商进入贫困地区，有效打通了贫困地区与外界沟通的渠道，构成了"以买代帮"的电商服务体系，推动了销售模式上的深刻变革，也奠定了大力发展"智慧农业"的基础，起到了拉动经济增长和脱贫致富的双重效果。异地带货直播的电商脱贫致富模式用鲜活的事例和实实在在的成效告诉我们，依靠互联网强大的信息交互能力，电商平台能够便捷地完成产品供应与消费需求的快速、精准对接，又有利于缓解疫情对贫困户线下交易农产品的冲击，既有助于脱贫，又有助于防止返贫，有利于进一步激发农村发展活力,开拓劳动致富新局面,在打通脱贫攻坚"最后一公里"的攻坚决战中必将大有可为。

(人民论坛网 2020 年 5 月 21 日)

凝聚科技力量，决战决胜脱贫攻坚

古人说："授人以鱼不如授人以渔。"决战决胜脱贫攻坚更需要"授人以渔"，即提供坚强有力的人才、技术和公民科学素质保障，从而从根本上解决贫困问题。不断完善科技扶贫创新机制，充分发挥科技"倍增器"作用，有效激活贫困地区内生动力，增强受援地"造血"机能，通过智慧的方式改变贫困，才是实现"真脱贫"的核心保障。2020年是全面建成小康社会的收官之年，也是脱贫攻坚决战决胜之年。自党的十八大以来，以习近平同志为核心的党中央把脱贫攻坚摆到治国理政的突出位置，全面打响脱贫攻坚战，脱贫攻坚取得决定性进展。全国科技部门聚焦制约贫困地区发展的科技、人才资源短缺两大短板，实施智力扶贫，广大科技工作者走进田间地头、生产一线，"做给农民看、带着农民干、领着农民赚"，积极投身脱贫攻坚主战场，激发了贫困地区创新创业活力，成为"把论文写在大地上"的生动实践。

"扶贫需先扶智。科技作为第一生产力，是脱贫攻坚的重要抓手和着力点。通过精准实施科技攻关、成果转化、要素对接等一系列行动，可以发挥科技创新在扶贫中的引领和支撑作用。""科技是第一生产力。"靠着科技含量高的帮扶和助力，不仅有效解决了贫困地区老百姓的劳动力成本，而且也提高了脱贫成色。越是深度贫困地区，发展能力越是薄弱。这其中有自然条件方面的制约因素，也有产业发展滞后的原因，但从根本上还主要是由于缺少懂技术、有技能、会科学生产的新型农业人才。

坚持问题导向。2020年，脱贫工作已进入啃硬骨头的攻坚阶段，贵在精准、重在精准，成败之举也在于精准。科技扶贫要坚持问题导向，按照精准扶贫、精准脱贫的要求，紧紧盯住制约贫困地区发展的重点问题，特别是突出的民生难题，对症下药、对症施策，精准发力，不断增强扶贫工作的针对性与有效性，把决战决胜脱贫攻坚工作抓实抓细。

促进成果转化。充分发挥科技特派员作用，与各级地方科协、科研课题团队等组织和机构联合，把中央地方、系统内外的一切资源、一切积极因素全部调动起来，促进科技成果转化，加大对深度贫困地区科技资源的转移，精准提供科技服务，着力打造扶贫攻坚新格局。

加大培训力度。要使科技扶贫发挥长效机制，关键还需要以需求为导向、以田间为课堂、以实践为手段，培育一大批掌握重要的农业实用技术、有知识有技能的新型职业农民，让科技培训成为"孵化器"，有效解决技术上的燃眉之急，带动贫困地区人才健康快速成长。

（人民论坛网 2020 年 7 月 14 日）

防汛救灾工作彰显中国共产党"人民至上"的价值遵循

中共中央政治局常务委员会于 2020 年 7 月 17 日召开会议，研究部署防汛救灾工作。习近平总书记主持会议并发表重要讲话。这是继 6 月 28 日、7 月 12 日之后，习近平总书记再次对防汛救灾工作作出重要指示。习近平总书记强调，防汛救灾关系人民生命财产安全，关系粮食安全、经济安全、社会安全、国家安全。今年是决胜全面建成小康社会、决战脱贫攻坚之年，也是"十三五"规划收官之年，做好防汛救灾工作十分重要。各有关地区、部门和单位要始终把保障人民生命财产安全放在第一位，采取更加有力措施，切实做好防汛救灾各项工作。

自 2020 年入汛以来，我国南方地区暴雨洪水集中频繁发生，造成多地发生较重洪涝灾害，国家和人民群众财产遭受严重损失。"切实把确保人民生命安全放在第一位落到实处""尽最大努力保障人民群众生命财产安全""要始终把保障人民生命财产安全放在第一位"……始终坚持"人民至上、生命至上"，统筹做好疫情防控和防汛救灾工作，是以习近平同志为核心的党中央一以贯之的根本要求和重要工作部署。

"人民至上、生命至上"的原则立场，深刻阐释了防汛救灾工作的价值遵循，生动诠释了我党以人为本、将人民利益放在首位的治国理政核心理念和使命担当。生命重于泰山！人民利益高于一切！人民是历史的创造者，是决定党和国家前途命运的根本力量。一切为了人民、一切依靠人民，是中国共产党战胜前进道路上各种艰难险阻、不断从胜利走向胜利的根源所在。

中国共产党的先进性内在要求"人民至上"的价值追求。党的先进性，源于党同人民群众的血肉联系。"人民至上"是中国共产党人对待人民的基本立场和价值原则，是中国共产党始终不渝的执政理念。习近平总书记强调，中国共产党根基在人民、血脉在人民。党团结带领人民进行革命、建设、改革，根本目的就是让人民过上好日子，无论面临多大挑战和压力，无论付出多大牺牲和代价，这一点都始终不渝、毫不动摇。坚持以人民为中心的发展思想，体现了党的理想信念、性质宗旨、初心使命，也是对党的奋斗历程和实践经验的深刻总结。代表谁的利益，为谁服务，历来都是衡量一个政党性质的根本性问题。中国共产党的性质是中国工人阶级的先锋队，同时也是中国人民和中华民族的先锋队。党的性质决定了她没有自己的特殊利益，始终把人民利益摆在至高无上的地位。中国共产党始终代表中国最广大人民的根本利益。我们党为之奋斗的一切，都是为了人民。历史和现实也一再以不可辩驳的实践反复证明，人民是我们党的力量源泉，是我们党的坚实根基，是我们党执政兴国的根本之所在。习近平总书记指出"人民立场是中国共产党的根本政治立场"，"全心全意为人民服务，是我们党一切行动的根本出发点和落脚点，是我们党区别于其他一切政党的根本标志"。当前，防汛抢险救灾工作是最重要、最紧迫的政治任务。各级党组织在防汛抢险救灾工作中始终把广大人民群众的生命安危和财产安全放在心上，切实肩负起领导责任，充分发挥中流砥柱作用，坚定不移把党中央"人民至上、生命至上"的决策部署落到实处，充分彰显了政治领导力、思想引领力、群众组织力、统筹协调力和强大执行力，有效保障了人民群众的生命财产安全。

中国特色社会主义的制度优势源于"人民至上"的价值追求。"凡将立国，制度不可不察也。"《中共中央关于坚持和完善中国特色社会主义制度 推进国家治理体系和治理能力现代化若干重大问题的决定》指出,"中国特色社会主义制度是党和人民在长期实践探索中形成的科学制度体系""我国国家制度和国家治理体系具有多方面的显著优势"。中国特色社会主义的制度优势源于"人民至上"这一根本价值追求。选择何种社会制度是人类价值取向的生动体现,同时也是价值追求得以实现的有力保障。马克思主义人民观的核心内涵就是人民主体论。自党的十八大以来,习近平总书记反复强调、高度重视"人民至上"的社会主义制度价值属性,不断深化和发展马克思主义人民观。习近平总书记深刻指出,"人民对美好生活的向往,就是我们的奋斗目标","中国梦归根到底是人民的梦,必须紧紧依靠人民来实现,必须不断为人民造福","必须始终把实现好、维护好、发展好最广大人民根本利益作为一切工作的出发点和落脚点,不断解决好人民最关心最直接最现实的利益问题,努力让人民过上更好生活"。不断增进民生福祉是中国特色社会主义发展的根本目的。目前,防汛救灾工作的开展充分彰显了中国特色社会主义制度体系所承载和体现的"人民至上"的价值属性和价值优势。自进入2020年汛期以来,举国上下一盘棋,中国特色社会主义的道路自信、理论自信、制度自信、文化自信支撑着14亿中华儿女在抗击疫情刚刚取得重大阶段性胜利后再次坚强面对严重的洪涝灾害,风雨同舟、守望相助、万众一心,凝结成战胜灾害的磅礴力量。

"人民至上"的价值追求重在真抓实干地积极践行。"人世间的一切幸福都需要靠辛勤的劳动来创造。""全面建成小康社会要靠实干,基本实现现代化要靠实干,实现中华民族伟大复兴要靠实干。"在防汛救灾工作中,"人民至上、生命至上"不是一句空洞的口号,而是我们打赢防汛救灾这场硬仗的根本价值遵循、原则立场和行动指南。坚持预防预备和应急处突相结合,扎扎实实做好"宁可备而不用、不可用而无备"的未雨绸缪;加强汛情监测,及时排查安全隐患,"宁可十防九空,不可失防万一"地紧盯超标洪水、水库失事、山洪灾害三大风险；强化责任感、使命感和紧迫感，以战时纪律压实防汛责任，坚决落实责任制；各级防汛责任人不惧艰险、迎难而上、下沉一线、靠前指挥、带头履职尽责，切实做到思想认识到位、防范措施到位、应急处置到位、各项保障到位……各地区和有关部门在防汛救灾工作中始终坚持"人民至上、生命至上"，有力组织抢险救灾，妥善安置受灾群众，维护良好生产生活秩序，切实把确保人民生命安全放在第一位落到实处。

"与天下同利者，天下持之；擅天下之利者，天下谋之。""人不率则不从，身不先则不信。"各级党组织密切联系群众抗击洪水的伟大实践，有力彰显了"人民至上"的执政理念，充分展现了中国力量、中国精神、中国效率。只要我们一如既往地始终坚持、积极践行"人民至上、生命至上"的价值遵循，"依靠群众，相信群众"，与群众同呼吸、共命运，就一定能在共克时艰、砥砺前行的风雨征程中体会到"千淘万漉虽辛苦，吹尽狂沙始到金"的甘甜与收获，在"民心所向，胜之所往"的良好氛围中统筹做好疫情防控和防汛救灾工作，创造更美好的生活、奔向更美好的明天。

（人民论坛网 2020 年 7 月 22 日）

保市场主体就是保社会生产力

2020年7月21日,习近平总书记在京主持召开企业家座谈会并发表重要讲话时指出,"市场主体是经济的力量载体,保市场主体就是保社会生产力。留得青山在,不怕没柴烧。要千方百计把市场主体保护好,为经济发展积蓄基本力量"。"到2019年底,我国已有市场主体1.23亿户,其中企业3858万户,个体工商户8261万户。这些市场主体是我国经济活动的主要参与者、就业机会的主要提供者、技术进步的主要推动者,在国家发展中发挥着十分重要的作用。"

市场主体是我国经济活动的主要参与者。市场主体是市场上从事交易活动的组织和个人,即商品进入市场的监护人、所有者。它具有自主性和能动性等基本特性。既包括自然人,也包括以一定组织形式出现的法人;既包括营利性机构,也包括非营利性机构。市场主体从自身实际情况出发,在市场规律的作用下,对经营战略和经营策略进行调整。市场经济是一种主体经济,市场主体是市场经济发展的微观基础和根本动力。中国特色市场经济的发展实践证明,只有以市场主体为本位,千方百计把市场主体保护好,不断激发市场主体活力,社会经济才能良性健康地持续发展。保护好市场主体,就能有效利用和整合分散在社会各领域的知识、技能、技术和人才,就能充分调动市场主体的主动性、积极性和创造性，就能积极发挥市场的联系功能、信息引导功能、调节功能、优胜劣汰功能和资源配置功能等职能，从而营造良好的营商环境，为市场主体的健康发展、为市场经济的高质量发展提供有力保障。

市场主体是我国就业机会的主要提供者。面对就业结构性矛盾，千方百计把市场主体保护好，不断激发市场主体活力，使广大市场主体不仅能够正常生存，而且能够实现更大发展，是解决就业问题的一个关键性因素。市场主体的发展状况与高校毕业生、农民工等重点群体的就业状况之间有着紧密的必然联系，如果缺乏高质量的市场主体，市场经济就难以高质量发展，市场就会缺少活力和生机，市场主体的用工需求就会萎缩，企业就难以创造和提供更多就业机会。尤其面对今年疫情带来的冲击和不利影响，各地区各部门出台了一系列保护支持市场主体的政策措施，做好当前就业工作，对于保障企业用工、促进生产恢复、保障和改善民生、稳定社会预期都具有十分重要的意义。今年，保护好市场主体，做好就业工作，既事关全年经济社会发展目标任务，也事关决胜全面建成小康社会和打赢脱贫攻坚战。

市场主体是我国技术进步的主要推动者。要推动制造业升级和新兴产业发展，提高科技创新支撑能力，深入推进大众创业万众创新，保护好市场主体，激发市场主体活力，增强发展新动能是有效途径和关键所在。创新是市场主体抓住市场发展机遇，抢占市场先机的核心要素。创新是推动民族进步和社会发展的不竭动力源泉。如若离开了创新这一核心要素，中华民族就难以实现从站起来、富起来到强起来的历史性跨越，中国的经济发展也难以实现由"跟跑者"到"并行者""领跑者"的转变。市场主体自身要强大，企业要谋求长远发展，就要顺应时代潮流，讲创新，求创新，以踏实肯干的实际行动践行创新发展。一般而言，有魄力的市场主体大都十分注重创新。创新意识、创新思维、创新能力、创新业绩是市场主体在市场经济大潮中抢占市场先机、立于不败之地的核心竞争优势。革故鼎新的创新求变思想与追求是企业兴盛繁荣的不二法宝。成功的市场主体往往都善于从社会发展进程中积极寻求、敏锐捕捉企业做大做强的创新突破口。

新冠肺炎疫情发生以来,在各级党委和政府领导下,各类市场主体积极参与应对疫情的人民战争,团结协作、攻坚克难、奋力自救,同时为疫情防控提供了有力物质支撑。党中央明确提出要扎实做好"六稳"工作、落实"六保"任务,各地区各部门出台了一系列保护支持市场主体的政策措施稳住市场主体"基本盘",为打赢今年的决胜全面建成小康社会和决战决胜脱贫攻坚战这两场硬仗营造了良好的营商环境和营商氛围。

(人民论坛网 2020 年 7 月 28 日)

防汛救灾工作彰显中国共产党的先进性

自2020年6月入汛以来，我国江南、华南、西南遭受多轮强降雨袭击。目前，洪水肆虐广西、贵州、广东、湖南、江西、重庆等多个省（区、市），防汛抗洪形势十分严峻，堤坝防守、险情抢护任务异常艰巨。南方正在全力抗洪抢险救灾，北方也进入防汛关键阶段。面对来势凶猛的洪涝灾害，面对艰巨的抗洪抢险任务，相关地区基层党组织和广大党员干部在地方党委、政府的领导下，认真学习贯彻落实习近平总书记对当前防汛救灾工作作出的重要指示精神，全力组织开展抗洪抢险救灾工作，以实际行动生动诠释了共产党员求真务实、无私奉献、勇于担当的光辉形象，充分彰显了中国共产党的先进性。

防汛救灾工作彰显中国共产党"人民至上"的价值取向。"国以民为本，社稷亦为民而立。"人民群众是创造历史的主体。"中国共产党人的初心和使命，就是为中国人民谋幸福，为中华民族谋复兴。"党的事业，是人民群众的事业；党的队伍，由人民群众中的优秀分子组成；党的活动，以实现人民群众的根本利益为根本遵循。全心全意为人民服务是中国共产党的根本宗旨。每个党员干部都要把为党和为人民无私奉献作为最高价值取向，真正做到权为民所用、情为民所系、利为民所谋。党的先进性，源于党同人民群众的血肉联系。"紧扣民心这个最大的政治",同人民想在一起、干在一起,一切为了群众,一切服务于群众,是一直以来各级党组织和全体党员在防汛救灾工作中始终不渝的行动指南。6月28日,习近平总书记强调,"各地区和有关部门要坚持人民至上、生命至上,统筹做好疫情防控和防汛救灾工作"。坚持预防预备和应急处突相结合,扎扎实实做好"宁可备而不用、不可用而无备"的未雨绸缪;对可能引发地质灾害的区带加强安全隐患巡查排查力度,及时排查风险隐患,将其消灭在"萌芽"状态;及时将易发生山洪、滑坡、泥石流薄弱地段的人民群众转移安顿至安全地带,"宁可十防九空,不可失防万一",各级党组织和全体党员本着对人民群众高度负责的工作态度和工作作风,竭尽全力安置好、服务好受灾受困人民群众,落实落细防汛抗洪救灾工作的各项任务,在抗击新冠肺炎疫情刚刚取得重大战略性成果后再次以真抓实干的实际行动筑起保卫广大人民群众生命财产安全的坚固"堡垒",让人民在灾害面前再次深刻感受到党的温暖,再次深切感受到作为中华儿女的那份自信、自豪和骄傲。

防汛救灾工作彰显中国共产党严明的组织纪律性。"不以规矩,不能成方圆。"严明的组织纪律性是党的先进性建设的基本条件和前提保障。马克思主义认为,"人的本质不是单个人所固有的抽象物,在其现实性上,它是一切社会关系的总和"。没有人能够脱离社会而孤立存在、独善其身。组织纪律性是人类生存发展的内在需要,是社会良序运行的必然要求,更是一个政党履行职责使命、维护和保持先进性的客观需要。在十八届中央纪委三次全会上,习近平总书记深刻阐述了严明党的组织纪律、加强组织纪律性这一重大命题,强调全党同志要"相信组织、依靠组织、服从组织,自觉接受组织安排和纪律约束,自觉维护党的团结统一"。"加强纪律性,革命无不胜。"严明的组织纪律性是我们党的优良传统,是净化党内政治生态,维护和保持党的先进性的必然要求和重要手段,是90多年来我们党栉风沐雨、历经坎坷,战胜一切艰难险阻,带领广大人民群众从胜利走向胜利的坚强保证。习近平总书记曾深刻指出:"我们党是靠革命理想和铁的纪律组织起来的马克思主义政党,纪律严明是党的光荣传统和独特优势。党面临的形势越复杂、肩负的任务越艰巨,就越要加强纪律建设,越要维护党的团结统一,确保全党统一意志、统一行动、步调一致前进。"每个党员和党的各级领导干部要严明党的组织纪律和政治纪律,增强政治意识、大局意识、核心意识、看齐意识,自觉维护中央权威,始终在思想上、政治上、行动上同党中央保持高度一致,维护党的团结统一。大汛当前,汛情就是命令,抗洪救灾就是责任。在艰巨而复杂的抗洪抢险救灾工作中,各级党组织和全体党员以实际行动充分彰显了严明的组织纪律性。他们闻令而动,积极主动履职担当作为,全国上下一条心、一盘棋。在防汛抗洪进入最吃紧最关键的时刻,全国各党支部和广大党员干部严格做到政令畅通,筑牢组织纪律防线,把防汛抗洪工作摆在当前工作的突出位置,慎终如始地以高度的政治责任感积极主动担起防汛救灾的使命责任,在思想上、组织上、纪律上和抗洪抢险救灾战场上,以"万众一心、众志成城,不怕困难、顽强拼搏,坚韧不拔、敢于胜利"的抗洪精神和敢打硬仗、能打硬仗、擅于打硬仗的积极践行为广大人民群众筑起了一道坚不可摧的防洪堤坝。

防汛救灾工作彰显中国共产党顽强的战斗作风。"沧海横流,方显英雄本色。"党的先进性最终要靠党员的先进性来体现。面对汛情,各级党组织和全体党员闻汛而动、顽强拼搏;面对灾情,各级党组织和全体党员勠力同心、不胜不休。危急关头,在党中央的果断决策和科学周密部署下,党员领导干部们下沉一线、靠前指挥、冲锋在前,广大党员众志成城、万众一心、守望相助,不畏艰险、搏风击浪、敢打硬仗,不怕疲劳、连续作战、御灾抢险,全力守护人民群众生命财产安全,尽心尽力做好抗洪抢险、安置群众等各项工作,尽可能将灾害带来的损失降到最低,充分彰显了共产党员的先锋本色。面对凶猛的洪水,面对严峻而艰巨的抗洪考验,广大共产党员和各级党的领导干部把抗洪救灾一线作为践行入党誓言、践行初心使命与责任担当的重要

"考场"与"战场",为老百姓遮风挡雨,向险而行,真正做到了"平常时候看得出来,关键时刻站得出来,危急关头豁得出去"的率先垂范作用。哪里有险情,哪里就有共产党员忘我奋勇抗洪的伟岸身影;哪里有受灾受困群众,哪里就有共产党员四处忙碌奔波的亲切身影;哪里有困难,哪里就有共产党员无怨无悔勇挑重担的刚毅身影。一名党员就是一面鲜艳的旗帜,在危难时刻,他们把个人生死安危、把个人利益得失抛诸脑后,身先士卒、出生入死、义无反顾,大力弘扬"舍小家,为大家"的公而忘私精神,让党性的光芒在洪峰浪尖熠熠生辉,让共产党员的底色在狂风暴雨中焕发出最绚丽的色彩。

"千淘万漉虽辛苦,吹尽狂沙始到金。"统筹推进疫情防控和防汛救灾工作虽然艰苦卓绝,但只要我们初心不改,慎终如始地坚持"人民至上、生命至上"的价值追求,党群一心,与广大人民群众携手同行、同舟共济,不惧风雨、不畏艰难险阻,乘风破浪砥砺前行,抗洪救灾这场硬仗就一定能够取得"拨云见日终有时,守得云开见月明"的最终胜利。

(人民论坛网 2020 年 8 月 4 日)

大力弘扬企业家精神　推动市场主体高质量发展

7月21日，习近平总书记在京主持召开企业家座谈会并发表重要讲话时指出，"改革开放以来，一大批有胆识、勇创新的企业家茁壮成长，形成了具有鲜明时代特征、民族特色、世界水准的中国企业家队伍。企业家要带领企业战胜当前的困难，走向更辉煌的未来，就要在爱国、创新、诚信、社会责任和国际视野等方面不断提升自己，努力成为新时代构建新发展格局、建设现代化经济体系、推动高质量发展的生力军"。习近平总书记提出的五点希望，蕴含着企业家精神的深刻内涵，同时也为大力弘扬企业家精神，推动市场主体高质量发展指明了前进方向、提供了根本遵循。

增强爱国情怀。"天下兴亡，匹夫有责。"对于每一个华夏子孙而言，爱国是本分，是使命，是责任，是义务，是心之所系，情之所属，魂之所绕，梦之所依，是每一个公民最基本的道德素养与人格品质。在我国的历史发展进程中，爱国主义从来都是鼓舞全国各民族团结奋斗的鲜明旗帜，从来都是全国各族人民血脉相连、守望相助的精神纽带与文化基因。陆游的"一身报国有万死，双鬓向人无再青"，文天祥的"山河破碎风飘絮，身世浮沉雨打萍""人生自古谁无死？留取丹心照汗青"，陈毅的"祖国如有难，汝应作前锋"，周恩来的"为中华之崛起而读书"……一首首吟诵爱国情怀情感脍炙人口的经典诗句，无不表达着不同时代不同时期志士仁人们一腔赤诚的爱国之情。爱国是近代以来我国优秀企业家的光荣传统。企业营销无国界，企业家有祖国。对于企业家来说，热爱祖国是立身之本、成事之基。优秀企业家必须对国家、对民族怀有崇高使命感和强烈责任感，把企业发展同国家繁荣、民族兴盛、人民幸福紧密结合在一起，主动为国担当、为国分忧。爱国的内容与形式是有时代性的，不同的历史时期，爱国情怀的表现和表达方式不尽相同。习近平总书记强调："当代中国，爱国主义的本质就是坚持爱国和爱党、爱社会主义高度统一。"改革开放以来，我国涌现出一大批爱国企业家。企业家爱国有多种实现形式，但首先是办好一流企业，带领企业奋力拼搏、力争一流，实现质量更好、效益更高、竞争力更强、影响力更大的发展。

　　勇于创新。"富有之谓大业，日新之谓盛德。"创新是引领发展的第一动力，是一个民族进步的灵魂，是国家兴旺发达的不竭动力。新时代呼唤与时俱进的企业家精神。法国作家雨果曾经说过"科学到了最后阶段，便遇上了想象"。科技是第一生产力，而创新则是引领科技发展的生命力和第一驱动力。企业生存与发展的不竭动力源泉来源于持续的创新发展。对于作为经济社会发展领军人物的企业家而言，创新意识、创新思维、创新能力是企业家的核心素养和精神特质，是企业家精神的核心内容与鲜活灵魂，是企业家引领企业把握机遇、抢占市场先机与市场份额，在不断求新求变中始终能够立于不败之地的核心要素和竞争优势。对于企业而言，最大的危机与隐患莫过于创新精神和创新能力的丧失与消亡。改革开放以来，我国经济发展取得的举世瞩目的成就，同广大企业家大力弘扬创新精神是分不开的。著名政治经济学家熊彼特认为"创新就是创造性地破坏"。然而，创新不是不切实际的天马行空和异想天开，而是建立在实事求是、艰苦奋斗、日积月累基础之上的稳中求进，是脱胎换骨的凤凰涅槃。创新就要敢于承担风险。敢为天下先是战胜风险挑战、实现高质量发展特别需要弘扬的品质。疫情当前，百业艰难，但危中有机，唯创新者胜。企业家要做创新发展的探索者、组织者、引领者，勇于推动生产组织创新、技术创新、市场创新，重视技术研发和人力资本投入，有效调动员工创造力，努力把企业打造成为强大的创新主体，在困境中实现凤凰涅槃、浴火重生。

诚信守法。"诚者，天之道也；思诚者，人之道也。""人而无信，不知其可也。"亘古以来，诚信一直都是中华民族世代传承的优良美德，是人之为人的基本道德规范，是社会主义核心价值观的重要内容之一。"童叟无欺"讲求诚信的经商之道是企业发展壮大的道德基础，是企业行稳致远的根基与底气。正所谓民无信不立、事无信不成、商无信不兴。为人处世，讲诚信，才能收获友谊，赢得尊重；经营企业，讲诚信，才能筑牢根基，赢得市场。诚信守法是企业家的基本素养，是营造风清气正营商氛围所需要的重要文化软环境，市场经济的良序运行须臾也离不开诚信守法的企业自觉与自律。社会主义市场经济是信用经济、法治经济。企业家要同方方面面打交道，调动人、财、物等各种资源，没有诚信寸步难行。法治意识、契约精神、守约观念是现代经济活动的重要意识规范，也是信用经济、法治经济的重要要求。对于企业和企业家来说，诚信守法是宝贵的无形财富，是保证企业正常运转的新鲜空气，因为诚信守法是企业树立品牌，走向市场化、国际化，赢得主动权的通行证和守护神，唯有敬畏规则、遵从规则，诚信守法，企业才能以最低成本打通顺利发展和健康成长的通道。作为经济发展的主体力量，企业家要做诚信守法的表率，带动全社会道德素质和文明程度不断提升。

承担社会责任。"羊有跪乳之恩，鸦有反哺之义""雏既壮而能飞兮，乃衔食而反哺"。自我价值与社会价值总是辩证统一的。在人的社会生活中，"每个人是手段同时又是目的，而且只有成为他人的手段才能达到自己的目的，并且只有达到自己的目的才能成为他人的手段——这种相互关联是一个必然的事实"。德国著名诗人歌德就曾说过："你若要喜爱自己的价值，你就得给世界创造价值。"爱因斯坦也曾经这样说过："人只有贡献于社会，才能找出那实际工作上短暂而有风险的生命意义。"任何企业都是存在于社会之中谋求生存和发展的，都是社会的企业。一方面，企业自我价值的实现构成了企业为社会创造更大价值的基础；另一方面，企业的社会价值是实现企业自我价值的基础，没有社会价值，企业的自我价值就无法存在。企业既有经济责任、法律责任，也有社会责任、道德责任。2018年9月，中共中央、国务院印发《关于营造企业家健康成长环境弘扬优秀企业家精神更好发挥企业家作用的意见》，为依法平等保护企业家合法权益，为企业家创新创业营造良好法治环境提供了依据和遵循；同年，最高人民法院发布了《关于充分发挥审判职能作用为企业家创新创业营造良好法治环境的通知》，将企业家人身和财产权利作为保护重点，致力于全方位改善企业家健康成长的良好营商法治环境。在今年的企业家座谈会上，习近平总书记强调，"市场主体是经济的力量载体，保市场主体就是保社会生产力"。"要千方百计把市场主体保护好，为经济发展积蓄基本力量。"企业家的健康成长，企业的顺利发展，离不开国家的保护，离不开社会的支持。社会是企业家施展才华的舞台。只有真诚回报社会、切实履行社会责任的企业家，才能真正得到社会认可，才是符合时代要求的企业家。这些年来，越来越多企业家投身各类公益事业。在防控新冠肺炎疫情斗争中，广大企业家积极捐款捐物，提供志愿服务，作出了重要贡献。当前，就业压力加大，部分劳动者面临失业风险。关爱员工是企业家履行社会责任的一个重要方面，要努力稳定就业岗位，关心员工健康，同员工携手渡过难关。

拓展国际视野。"大道之行也，天下为公。""万古基业，必出自雄才伟略。"有多大的视野，就有多大的胸怀。在纵论国际国内大势、描绘改革发展蓝图时，习近平总书记曾多次强调需要一大批有国际视野的企业家。当今社会，是一个多元文化交流碰撞的时代，既充满机遇，又面临方方面面的挑战，是否具有国际化的思维和视野，能否与国际接轨、紧跟国际发展的步伐，对于企业的发展壮大而言至关重要。随着经济全球化的深入发展，世界各国在经济、政治、社会、文化等领域的交流与合作越来越频繁，国际竞争越来越激烈，形成了你中有我、我中有你的利益格局，能够以更加宽广的或全球化的视野看待与处理经济运行问题，具有国际眼光和国际思维，在求同存异的文化碰撞、交流与融合中谋求"和而不同"的共赢，是当代企业家素养的一项基本要求。改革开放以来，我国企业家在国际市场上锻炼成长，利用国际国内两个市场、两种资源的能力不断提升。过去10年，我国企业走出去步伐明显加快，更广更深参与国际市场开拓，产生越来越多世界级企业。习近平总书记在今年的企业家座谈会上强调，企业家要立足中国，放眼世界，提高把握国际市场动向和需求特点的能力，提高把握国际规则能力，提高国际市场开拓能力，提高防范国际市场风险能力，带动企业在更高水平的对外开放中实现更好发展，促进国内国际双循环。

"历尽天华成此景，人间万事出艰辛。"中华民族从站起来、富起来到强起来的伟大飞跃，铭刻着"千磨万击还坚劲，任尔东西南北风"的奋斗艰辛。坚定的理想信念，永远是激励我们奋勇向前、克难制胜不竭的力量源泉。让梦想的阳光照进现实，美梦成真，需要强大的精神力量作为文化支撑。企业家是中国特色社会主义发展和建设的重要主体、"关键少数"和重要领军人物，企业的发展壮大需要开拓创新、勇于担当的企业家精神厚植文化底蕴，社会的发展进步需要乐于奉献、胸怀天下的企业家精神滋养文化内涵。站在"两个一百年"奋斗目标的历史交汇点上，大力弘扬企业家精神，推动市场主体高质量发展，我们就一定能够激发市场蕴藏的活力，促进企业家发挥更大作用、实现更大价值，开创经济社会发展的新局面，描绘新蓝图，实现"两个一百年"奋斗目标的庄严承诺。

（人民论坛网 2020 年 8 月 6 日）

没有全民健康，就没有全面小康

健康是立身之本，是立国之基，事关国家与民族的未来与希望。人民如果没有强健的体魄，国家就不可能拥有繁荣、稳定、可持续的健康发展。"没有全民健康，就没有全面小康。"民之所望，政之所为。习近平总书记反复强调，"推进健康中国建设，是我们党对人民的郑重承诺"。以习近平同志为核心的党中央以国家长远发展为基点，以民族伟大复兴为目标，始终把人民健康放在优先发展的战略地位，对"健康中国"建设作出全面部署，凸显了"人民本位"的执政理念。

习近平总书记强调："全民健身是全体人民增强体魄、健康生活的基础和保障，人民身体健康是全面建成小康社会的重要内涵，是每一个人成长和实现幸福生活的重要基础。"全面建成小康社会，必然要以实现全民健康为前提基础；全民健康，也必然是全面建成小康社会的内在应有之义。

全民健康是全面小康的重要基础。"人类的幸福只有在身体健康和精神安宁的基础上，才能建立起来。"健康是人民群众最关心、与人民群众现实利益最直接最密切相关的民生问题，也是人民群众获得感、幸福感、安全感不断增强的前提基础。人们常说"身体是革命的本钱"。身体健康是生命发展的前提条件，是快乐生活，高效工作，刻苦学习的基础。很多人把健康的身体看成1，把其他如名誉、地位、财富、爱情、婚姻、家庭等都看作是1后面的0，后面的0是否有意义，取决于前面1的存在与否。健康是生命存在的最佳状态，是提高生活品质、确保工作效率、维持良好学习状态的关键因素，是维持生命尊严的基石。只有身体健康，一个人才能创造更多更大的价值，才能保证生命与生产、生活的质量，更好地体验和感受幸福美好生活；只有全民健康，才能为实现"两个一百年"奋斗目标、为实现中华民族伟大复兴的"中国梦"打下坚实的健康基础。

全民健康是全面小康的主要组成部分。"生命是一个人的财富，健康是一个人的责任。"全民健康是全面建成小康社会的重要内涵。全面小康是一个多元的立体化概念，它不仅包含物质的小康，精神的小康，还包含身心方面的健康状态。世界卫生组织提出"健康不仅是躯体没有疾病，还要具备心理健康、社会适应良好和有道德"。"没有全民健康，就没有全面小康。"在现代汉语词典里，"全面"指各个方面的总和。"全面"不仅仅是一个物理概念，指所涉猎的方方面面，同时，它更指各方面因素的有机叠加，即各方面因素的相互影响，相互作用，彼此联系。人民生活水平和质量普遍提高、国民素质和社会文明程度显著提高，是实现第一个百年奋斗目标——全面建成小康社会的两个重要目标要求，而无论是生活质量，还是国民素质，都与健康有着直接的密切关联。

全民健康需要全民健身持续发力。作为全民健身的倡导者、践行者，习近平总书记强调，要广泛开展全民健身运动，促进重点人群体育活动，推动全民健身和全民健康的深度融合。在以习近平同志为核心的党中央的积极倡导下，在全民健身国家战略的实施推动下，近年来，全民健身政策举措越来越健全，健身途径越来越便捷、越来越多样化，健身环境越来越优越，健身的硬件设施覆盖越来越广泛，全民健身的理念越来越深入人心，"跑步大军"与日剧增，广场舞方兴未艾，各类体育场馆备受青睐……越来越多的老百姓积极主动参与到丰富多彩的健身运动行列中来，全民健身给中国人民带来的幸福感越来越强。文明其精神，野蛮其体魄。通过全民健身，实现全民健康。当下，我国正日益步入一个"全民健身"的崭新时代，全民健身已蔚然成风，已成为流行时尚，已成为健康中国的幸福工程、民生工程和标志性工程。

"与其救疗于有疾之后，不若摄养于无疾之先。"习近平总书记强调，把以治病为中心转变为以人民健康为中心。自党的十八大以来，从中医"治未病"健康工程的深入开展，到进一步打好大气、水、土壤三大污染防治攻坚战，再到进一步加强食品安检力度并纳入地方党政干部政绩考核内容……"将健康融入所有政策"的"健康中国"建设已渗透到老百姓实实在在的日常生产、生活当中。

俗话说"最好的医生是自己"。展望未来，我们应遵从生命规律、敬畏生命规律，珍爱生命，追求积极健康的生活方式，在持续的健身锻炼中强健身心，努力创造无愧于时代的精彩人生，为实现"两个一百年"奋斗目标，为实现中华民族伟大复兴"中国梦"注入强劲动力，夯实健康基础。

（人民论坛网 2020 年 8 月 31 日）

谢谢您，点亮万千孩子的人生梦想

在第 36 个教师节到来之际，习近平总书记向全国广大教师和教育工作者致以节日的祝贺和诚挚的慰问。他充分肯定了面对突如其来的新冠肺炎疫情，全国广大教师为抗击疫情作出了重要贡献，同时也充分肯定了在决胜全面建成小康社会、决战脱贫攻坚之年，全国广大教师展现了当代人民教师的高尚师德和责任担当，并希望广大教师不忘立德树人初心，牢记为党育人、为国育才使命，积极探索新时代教育教学方法，不断提升教书育人本领，为培养德智体美劳全面发展的社会主义建设者和接班人作出新的更大贡献。

百年大计，教育为本。教师是立教之本、兴教之源，承担着让每个孩子健康成长、办好人民满意教育的重任。"国将兴，必贵师而重傅；贵师而重傅，则法度存。"自古以来，中华民族就有尊师重教、崇智尚学的优良文化传统。

在疫情防控阻击战的道路上，用关心与爱护诠释师者仁心，担筑梦育人使命。面对突如其来的新冠肺炎疫情，全国广大教师迎难而上，奋战在抗击疫情和"停课不停学、不停教"两条战线上，守护亿万学生身心健康，支撑起世界上最大规模的在线教育，为抗击疫情作出了重要贡献。疫情就是命令，防控就是责任。为确保每位学生的生命安全和身体健康，全国广大教师始终战斗在疫情防控最前沿，始终坚守在校园疫情防控一线，充分发挥了为人师表的示范带动作用。教师们舍小家为大家，众志成城，万众一心，以多样化的形式深入浅出、生动形象地普及疫情防控知识和相关技能，提高了疫情防控的科学性和有效性；教师们耐心细致、不厌其烦地反复、及时、准确地统计每位学生的健康状况和思想行为动向，绝不落下一个人，绝不漏掉一个数据、一个环节……充分展现了教师队伍高度的组织凝聚力，有效发挥了战斗堡垒作用，为打赢平安校园保卫战攻坚克难，共克时艰。为落实"停课不停学、不停教"的工作部署，教师们以精益求精的工匠精神为远程教育教学提供了优质的教学资源；教师们利用扎实的专业知识和娴熟的教育教学技能，为线上教育教学提供了强大的专业技术支撑；为了帮助学生平稳、顺利地度过这段特殊的学习阶段，教师们随时与家长以短信、微信、电话、音视频等形式交流沟通，形成了家校共育的凝聚力量，为孩子们的健康成长保驾护航。疫情防控依然严峻，坚守仍在继续。新冠肺炎疫情是一次前所未有的危机，是一场灾难，也是一次大考。面对这场大考，广大教师们恪尽职守，在平凡的岗位上默默无闻，用实际行动为打赢校园疫情防控阻击战贡献着光和热，生动诠释了新时代人民教师俯首甘为孺子牛的无私奉献光辉本色。

在决战脱贫攻坚的战场上，用爱心与智慧阻断贫困代际传递，奋进担当、积极作为。今年是决胜全面建成小康社会、决战脱贫攻坚之年，全国广大教师用爱心和智慧阻断贫困代际传递，点亮万千乡村孩子的人生梦想，展现了当代人民教师的高尚师德和责任担当。要打赢脱贫攻坚战这场硬仗，必须找准教育扶贫这一关键点。"扶贫先扶志。""教育扶贫"是斩断贫困"代际传递"的重要途径，其根本在于"精神扶贫"和"知识扶贫"，其关键在于"授之以渔"的"助人自助"，在于发挥贫困户脱贫的主体作用，帮助其找准导致贫困的根源、激发其主动脱贫的内在意志、培育培养其脱贫的综合素养，这就需要充分展现教师的教育引导作用。面对脱贫攻坚的艰巨任务，广大教师始终牢记"为党育人、为国育才"使命，不忘"立德树人"初衷，积极深入贫困地区，利用专业优势，积极服务学生，尽职尽责地把下一代教育好培养好，扶贫困学子的志气与意志，扶贫困家庭的希望与未来，阻断贫困的代际传递。他（她）们把课堂搬到田间地头，把脱贫攻坚战场搬到街头巷尾，宣讲扶贫政策、普及法律常识、传授农业技能，倾心尽力讲好每一堂课，既扶志又治愚，让农家子弟能够系统学习顺利完成学业、能够掌握一技之长安稳就业、能够驱散蒙昧文明成长……他（她）们努力做好教育扶贫的先行者，为贫困地区教育事业发展、祖国下一代健康茁壮成长贡献爱心与智慧，在三尺讲台上奋力书写脱贫攻坚奔小康的生动诗篇。

在决胜全面建成小康社会的历史征程中，用辛勤与汗水培育祖国的未来与希望，守立德树人初心。全面建成小康社会，不仅是物质层面的小康，更是精神层面的小康。教师从事的是传播知识、传播思想、传播真理的工作，是塑造灵魂、塑造生命、塑造人的工作。除了传道、授业、解惑传授书本知识的教书职责，教师还肩负着为人师表的塑造学生品格、品行、品位的育人使命。用心上好每一堂课，用心教好每一个孩子，是辛勤耕耘在教师这一平凡岗位上的每一位教育工作者的不懈努力与追求。教育是爱的事业，需要用辛勤去书写、用汗水去浇灌、用心血去滋润，需要教师甘当人梯，甘当铺路石，以人格魅力引导学生心灵，以学术造诣开启学生的智慧之门。一个人遇到好老师是人生的幸运，一个学校拥有好老师是学校的光荣，一个民族源源不断涌现出一批又一批好老师则是民族的希望。"捧着一颗心来，不带半根草去"的奉献精神是广大教师坚守精神家园的鲜活写照。深入贯彻落实科教兴国战略和人才强国战略需要高素质的教师队伍，对教师的师德水平和业务水平提出了新的更高要求。教师作为人类灵魂和人才培养的工程师，是先进生产力和先进文化发展的弘扬者和推动者，是学习型社会的先行者和示范者，是全面建成小康社会的重要保障力量。

在第36个教师节到来之际，在今天这个特别的日子里，让我们共同真诚地感念师恩，让全社会满腔热情关心关注教师，让广大教师能够安心从教、热心从教、舒心从教、静心从教,让广大教师在岗位上有幸福感、事业上有成就感、社会上有荣誉感,让教师成为让人羡慕的职业,形成优秀人才争相从教、教师人人尽展其才、好老师不断涌现的良好局面。

(人民论坛网 2020 年 9 月 10 日)

"慧眼看南昌"：数据智治助推市域社会治理现代化

习近平总书记指出："治国安邦重在基层，党的工作最坚实的力量支撑在基层，最突出的矛盾和问题也在基层。"治大国若烹小鲜，基层是中国特色社会主义建设事业的根，是国家治理的重要基础。只有不断提升基层治理能力，才能更好满足群众对美好生活的新期待，提升群众的获得感、幸福感和安全感。

9月26日，"大国小鲜@基层之治"网络主题宣传活动在江西省南昌市深入开展。借势信息化、大数据发展运用，以智治为主牵引，充分发挥"城市大脑"的智能、智慧、智治的社会治理体系作用，深入推进市域社会治理现代化工作，既是推动党的十九届四中全会精神落地生根的重要举措，也是南昌市社会治理工作补短板、强弱项、促创新的重要探索与突破。

近年来，南昌市紧紧围绕打造大南昌都市圈的目标定位，认真贯彻江西省委、省政府决策部署，借势信息化、大数据发展运用，以智治为主牵引，创新社会治理方式，全力化解各类风险挑战，最大限度提高治理效率，破解大城市发展中面临的难题，不断强大市域社会治理现代化支撑能力，全市社会治理水平得到显著提升。

基层是国家治理的"神经末梢"。治理效能如何，最为根本的是要看能不能代表最广大人民群众的根本利益。坚持"人民至上"理念，"永远把人民放在最高位置"，是衡量基层治理效能的首要检验标准。北京师范大学政府管理研究院院长唐任伍教授认为，"基层治理是否很好，就看广大人民群众是否获得了实惠，幸福感、满足感是否提升了"。南昌市委市政府在"智治"市域治理现代化进程中，始终深刻认识、牢牢把握好"我是谁、为了谁、依靠谁"，从哪里来到哪里去这一根本性命题，把握"治理"的内涵与真谛。

习近平总书记强调，要贯彻好党的群众路线，坚持社会治理为了人民，善于把党的优良传统和新技术新手段结合起来，创新组织群众、发动群众的机制，创新为民谋利、为民办事、为民解忧的机制，让群众的聪明才智成为社会治理创新的不竭源泉。

人民群众是我们党的力量源泉。人民立场是中国共产党的根本政治立场。"智治"的出发点、落脚点和评判标准都应紧紧围绕"人民群众是否满意"这一根本性问题。群众关心什么，需要什么，什么就应是基层治理的工作重点。无论是"网络＋网格化"的"雪亮工程"，还是"不见面审批"高效服务的"数字化政府"建设，南昌市域治理的"智治"现代化推进都以代表最广大人民群众的根本利益为参照系，实现"智能采集、智能解析、智能应用"的有机结合，让科技更好地为社会安定有序、提升群众获得感幸福感安全感服务。

红谷滩区紧密结合全国推进市域社会治理现代化试点工作，以"智治"为支撑，以综治中心实体化为突破口，把数据资源的整合共享作为最基础的工程来抓，将社会治理工作不断拓展至全过程，有效践行了"全周期"管理理念，提升了辖区居民的安全感、幸福感、获得感，提升了党委政府治理能力和效率。综治中心已然成为党委政府第一时间想得到、用得上，人民群众信得过、离不开的"为民服务中心"。

符合人民利益，致力于改善民生、增进人民福祉、造福人民，是基层治理的根本出发点。建立健全党组织领导的法治、德治、自治相结合的"智能、智慧、智治"治理体系，构建共建共治共享的社会治理格局，不断增强人民群众的获得感、幸福感、安全感，是江西省南昌市在"智治"市域治理中不断探索的创新实践，为有效解决人民日益增长的美好生活需要和不平衡不充分的发展之间的矛盾寻找到了强有力的"科技支撑"，助力"治大国若烹小鲜"由传统文化中的理想追求转变成现代社会治理中的生动实践。

（人民论坛网 2020 年 9 月 27 日）

> 思考的力量

"绿水青山就是金山银山"的积极践行需要命运与共的天下情怀

"绿水青山就是金山银山"是时任浙江省省委书记习近平于2005年8月在浙江湖州安吉考察时提出的科学论断。欲实现"绿水青山就是金山银山"的现实转化，除了要有强烈的感性认识、清晰的理性认知、坚定的发展理念、积极的实际践行，还需要具备命运与共、天下大同的情怀与胸襟。只有这样，才能为科学地处理好眼前利益与长远利益间的矛盾、个人利益与集体利益间的矛盾、局部利益与整体利益间的矛盾、人与自然间的矛盾、现实价值与终极价值间的矛盾等辩证关系奠定坚实的感性基础，才能使"绿水青山就是金山银山"的现实转化上升为终极的理性自觉，从而使保护绿水青山成为千百万群众的自愿行为、自觉行动。

"绿水青山就是金山银山"的积极践行需要有命运与共的情怀与胸襟来处理人与自然间的辩证统一关系。党的十九大报告中指出："我们要建设的现代化是人与自然和谐共生的现代化。"自然是人类生存之源、发展之基。早在古代，希腊悲剧大师埃斯库罗斯就曾经说过："非但不能强制自然，还要顺从自然。"近代，西方著名哲学家和评论家黑格尔也曾提醒过人们："当人类欢呼对自然的胜利之时，也就是自然对人类惩罚的开始。"世界无产阶级的伟大革命导师恩格斯更是明确指出:"我们不要过分陶醉于我们对自然界的胜利。对于每一次这样的胜利,自然界都报复了我们。""天人合一""道法自然"等质朴睿智的朴素自然观,是人与自然和谐共生的辩证法则,为人类指明了与自然相处的基本哲学立场,至今仍给人们以深刻的警醒和启迪。人虽然具有主观能动性,但人类的主观能动性充分发挥作用的前提基础与条件是认识规律、把握规律并遵从规律。"人法地,地法天,天法道,道法自然。"自然规律是物质运动固有的、本质的、稳定的联系,其不以人的意志为转移,我们虽能够探索、认识和利用自然规律,改变其发生作用的形式,却不能违背、消除自然规律。规律客观性是第一性的,主观能动性是第二性的。规律客观性总是制约着人的主观能动性。"天育物有时,地生财有限,而人之欲无极。"只有尊重自然、顺应自然、保护自然,对自然怀有敬畏之心,要懂得和学会合理控制自己的欲望,绝不能凌驾于自然之上,这样才能更好地满足人类自身生存和发展的需要,实现人与自然的和谐相处、永续发展。

"绿水青山就是金山银山"的积极践行需要有命运与共的情怀与胸襟来处理人与社会间的辩证统一关系。"但存方寸地,留与子孙耕。"习近平总书记曾强调:"绿水青山和金山银山决不是对立的,关键在人,关键在思路。保护生态环境就是保护生产力,改善生态环境就是发展生产力。""我们既要绿水青山,也要金山银山。宁要绿水青山,不要金山银山,而且绿水青山就是金山银山。"这些论述生动形象地表达了绿水青山和金山银山间的相互关系。生态环境是可持续发展的最大本钱。习近平生态文明思想蕴含着深厚的民本思想。他曾指出:"良好生态环境是最公平的公共产品,是最普惠的民生福祉。"良好的生态环境是人类生存与健康的基础,保护生态环境,关系最广大人民的根本利益,关系中华民族发展的长远利益,是功在当代,利在千秋的长远发展之计。环境就是民生,青山就是美丽,蓝天就是幸福。资源开发利用既要支撑当代人过上幸福生活,也要为子孙后代留下生存根基。从代际公平的角度来讲,每一代人在满足自身发展和消费需要的同时,都应该自觉承担起永续发展的社会责任，充分考虑后代发展的需要。我们要以对子孙后代高度负责的态度，积极参与生态文明建设，将绿水青山就是金山银山理念化为生动实践，给子孙后代留下天蓝地绿水净可持续发展的美好家园和"绿色银行"，实现中华民族永续发展。

建设生态文明是中华民族永续发展的千年大计。生态环境没有替代品，用之不觉，失之难存。在生态环境保护建设上，我们一定要有命运与共的天下情怀，树立大局观、长远观、整体观，像保护眼睛一样保护生态环境，像对待生命一样对待生态环境。

（人民论坛网 2020 年 11 月 2 日）